高校体育教学改革与方法探究

何海华◎著

吉林出版集团股份有限公司
全国百佳图书出版单位

图书在版编目（CIP）数据

高校体育教学改革与方法探究 / 何海华著. -- 长春：吉林出版集团股份有限公司，2024.2
　ISBN 978-7-5731-4663-2

　Ⅰ.①高… Ⅱ.①何… Ⅲ.①体育教学-教学改革-研究-高等学校 Ⅳ.①G807.4

中国国家版本馆 CIP 数据核字（2024）第 049888 号

高校体育教学改革与方法探究
GAOXIAO TIYU JIAOXUE GAIGE YU FANGFA TANJIU

著　　者	何海华
责任编辑	孙　璐
装帧设计	万典文化
开　　本	787 mm× 1092 mm　1/16
印　　张	7
字　　数	146 千字
版　　次	2025 年 3 月第 1 版
印　　次	2025 年 3 月第 1 次印刷

出　　版　吉林出版集团股份有限公司
发　　行　吉林音像出版社有限责任公司
　　　　　（吉林省长春市南关区福祉大路 5788 号）
电　　话　0431-81629679
印　　刷　吉林省信诚印刷有限公司

ISBN 978-7-5731-4663-2　　　定　价　58.00 元

如发现印装质量问题，影响阅读，请与出版社联系调换。

前　言

体育教育的改革是一个经常被人们讨论的话题，它具有多层次、多结构和多对象的复杂性，导致它所牵扯到的问题也是多种多样的。在高校体育教育中，怎样把学校体育、健康体育与终身体育的需求与要求相结合，把人本理念与人文精神融入具体的教育教学过程中去，怎样解决目前存在于高校体育中的现实问题等，是高校体育工作者应该重视和迫切需要解决的问题。

在 21 世纪，随着新技术革命的来临，科学技术有了长足的进步，不断地进行着知识的更新，推动了高校体育的发展。在传统的体育教学中所采用的教学方式已经不能适应人才培养的需要，学校体育的教学方式应当不断地寻求新的变化，以适应前瞻性的要求。学校体育变化的首要任务不在于将原有的体育文化知识进行传播，而在于适应市场经济的背景下对人才的培养。因此，对普通高等学校的体育教育进行改革是十分必要的。

本书对高校体育教学的内涵、高校体育教学的课程设置做了简要介绍；阐述了高校体育教学思想基础，其中包括"寓德于体"教育思想、"寓智于体"教育思想、"寓美于体"教育思想以及"寓乐于体"教育思想；分析了高校体育教学模式改革，使读者对高校体育教学模式改革的内容有了全新的认识；对高校体育教学方法的改革与创新、高校体育课程规划、高校科学化运动训练、高校体育教学渗透心理健康教育进行了深入的研究；从多维度阐述了大学生体育教学训练方法路径。

本书充分反映了我国在高校体育教学改革与方法探究方面的前沿问题，力求让读者充分认识高校体育教学改革与方法研究的重要性和必要性。本书兼具理论与实际应用价值，可供广大高校体育教学相关工作者参考和借鉴。

为了提升本书的学术性与严谨性，在撰写过程中，笔者参阅了大量的文献资料，引用了诸多专家、学者的研究成果，因篇幅有限，不能一一列举，在此一并表示诚挚的谢意。由于时间仓促，加之笔者水平有限，在撰写过程中难免出现不足的地方，希望各位读者提出宝贵的意见，以便笔者在今后的学习中加以改进。

何海华

2023 年 10 月

目　录

第一章　高校体育教学导论 ... 1
第一节　高校体育教学概述 ... 1
一、高校体育教学的性质 ... 1
二、高校体育教学的特点 ... 2
第二节　高校体育教学的课程设置 ... 5
一、高校体育课程设置模式 ... 5
二、体育课程发展的动力机制 ... 6

第二章　高校体育教学思想基础 ... 14
第一节　"寓德于体"教育思想 ... 14
一、"德"在高校体育教学中的意义分析 ... 14
二、中外"寓德于体"教育思想研究 ... 16
三、体育教学中武术武德教育的实例分析 ... 22
第二节　"寓智于体"教育思想 ... 24
一、"启智促健"是高校体育教学的必然选择 ... 24
二、"尽心尽智"是高校体育教师应有的态度 ... 27
三、高校体育教学中实施培智教育的有效途径 ... 29
第三节　"寓美于体"教育思想 ... 31
一、高校体育教学美理论初探 ... 31
二、美在高校操类教学中的合理运用 ... 37
第四节　"寓乐于体"教育思想 ... 48
一、提出"寓乐于体"教育思想的背景分析 ... 48
二、实施"寓乐于体"教育思想的意义分析 ... 52

第三章　高校体育教学模式改革 ························ 58

第一节　体育教学模式的基本理论 ······················ 58
一、高校体育教学模式的误区 ······················ 58
二、高校体育教学模式现状分析 ···················· 59
三、现阶段高校体育教学模式的构建 ················ 61

第二节　体育教学中典型的教学模式 ···················· 62
一、CBE 理论的高校体育教学模式 ·················· 62
二、基于人才培养的高校体育教学模式 ·············· 65
三、生态文明理念下高校体育教学模式 ·············· 68

第三节　新型体育教学模式的构建和运用 ················ 70
一、高校体育互动教学模式的构建 ·················· 70
二、合作学习模式在高校体育舞蹈教学中的运用 ······ 73
三、分层施教模式在高校体育教学中的运用 ·········· 76
四、高校体育教学中俱乐部模式的引入和运用 ········ 78

第四章　高校体育教学方法的改革与创新 ················ 82

第一节　高校体育教学中多媒体技术的应用 ·············· 82
一、多媒体教学技术的特征 ························ 82
二、多媒体 CAI 在高校体育教学中的应用 ············ 83
三、基于 Web 的体育多媒体网络课件的教学设计 ······ 88

第二节　高校体育教学中微课的应用 ···················· 93
一、微课的概念 ·································· 93
二、微课在高校体育教学中的应用 ·················· 94

第三节　高校体育教学中慕课的应用 ···················· 96
一、慕课的概念 ·································· 96
二、慕课在高校体育教学中的应用 ·················· 96

第四节　高校体育教学中翻转课堂的应用 ················ 98
一、翻转课堂的概念 ······························ 98
二、翻转课堂在高校体育教学中的应用 ·············· 100

参考文献 ·· 105

第一章　高校体育教学导论

第一节　高校体育教学概述

一、高校体育教学的性质

　　高校体育教学的特点是：身体练习和思维活动相结合，以户外环境为主，着重于让学生的时空感觉得以发展，同时达到对机体的自我体验与操控等。高校体育教育是一项双边的教育活动，要求师生共同参与。教师和学生之间的互动是怎样的？对于这一问题，大多数人认为，身体练习活动是教师与学生之间互动的主要纽带，但是，笔者认为，单纯把身体练习活动定义为教师与学生之间互动的媒介是不够准确的，理由如下：

　　其一，就动物来说，它们也有各种各样的身体练习活动，拥有了比较高的运动技术，但是它们的运动行为与人类的运动行为还是有着很大的区别。动物的运动学习只具有简单的动作，而人类的运动学习包括两方面的内容，一是身体练习活动；二是丰富的思维活动。

　　其二，如果把体育课师生双方的互动仅仅看作是纯粹的身体练习活动，就很可能会使人轻视体育学科。

　　其三，在其他学科的教学活动中，教学的媒介以知识和技能为主，但就体育学科来说，它的身体练习活动既不属于知识也不属于技能，这个词是一个"过程"，因此，我们要从其他科目中借鉴一个较为相近的词语。笔者认为，与身体练习相比，还是运动技能更为适宜。对于运动技能的理解，具体如下。

　　就运动技能而言，它是"知识"和"技术"之间的一种中间形态，所以，我们必须从操作技能的概念及其形成等层次分析运动技能。

　　操作技能主要是指一种合乎法则的，通过学习活动而形成的活动方式。一般而言，操作技能包括多种特性，而这些特性也是它与其他事物的不同之处，我们通常称之为

"概念的种差"，其含义如下：

1. 合乎法则。此种差与我们平时所看到的某些随意运动有很大的区别。

2. 通过学习获得。此种差与其他人体本能行为是不同的。

3. 活动方式。此种差与知识是存在差别的。这一现象的原因，主要是操作技能的知识是需要活动的。

4. 开展明确的方向。就活动来说，技能是存在控制执行的作用。

运动技能是操作技能中一个很重要的分支。就运动技能来说，它的形成经历了认知动作、联系动作、完善动作三个阶段。其中，认识动作的阶段与知识与技能有着紧密的联系，其最终目标是了解活动操作的要素、关系与结构等。运动技能之所以可以被视为一种"知识"，是因为它是关联事物与属性的一种组织和信息。运动技能是一种是客观存在的东西，同时还是人类文化知识的重要组成部分之一，是前人留下来的珍贵的运动文化遗产。

但是，将运动技能理解为知识，就会造成与原本学科的知识与技能的重复，显然是不合常理的。因此，在表达时，还应运用另外一个词语。笔者认为，在表达时，运用运动本体与动作的概念非常合适，即从动作概念的角度来理解动作技术，就可以分析为"运动操作知识"，比如田径、体操、游泳等运动技术，学习和掌握这些运动技术，就可以提高运动技能。通过以上分析可知，高校体育教育就是运动技术教学，更确切地说，就是运动操作知识。当学会了运动操作知识，运动技能就得以形成。

二、高校体育教学的特点

根据上述高校体育教学的性质，可以充分理解高校体育教学与其他学科教学活动之间的差异，主要包括。

（一）运动知识传承的可操作性

体育运动知识指的是身体知识，这也是体育与其他学科最大的区别。值得注意的是，这种身体知识是人类在知识发展过程中的一种特殊认识，同时也是人类对自然外部知识的追求逐渐向人体内部知识进行转化的产物，更是一种面向人类本体、人类本身与人类自我的挑战。

目前，教育领域已经认可和关注了学生的主体作用，这种对人类自我知识的再度追求，不仅显示出了高校体育教学的特殊性，而且使高校体育教学具备了知识传承的重要性。从这一点来说，高校体育教育是对身体知识进行传承，身体知识是一种可以使人类认识到自身感觉的真实的东西，也是一种科学知识，只不过它的重要性还没有被发现与挖掘。可以预见，这类知识在未来一定会得到人们的普遍认可和重视，并将其用于与生理和心理有关的科学研究中。

（二）教师与学生身体活动的频繁性

在高校体育教学开展的过程中，教师需要不断地对运动项目的动作进行示范、指导与反馈，这主要是由于身体知识来源于身体的不断实践与操作，同时，对于学生而言，也需要身体的操作和体验。因此，在进行体育课堂教学的过程中，教师和学生的身体活动更多一些，这一点也是体育课程教学与其他学科教学之间的区别，其他学科的课程教学只需要在室内就可以开展，只要相对保持安静，就能够激发学生的思维，从而保证良好的学习效果。而高校体育教学的情况却是不一样的，在高校体育教学实践活动进行的过程中，既有学生身体的强烈运动，也有学生体验的喜悦。

（三）学生身心合一的统一性

从本质上来说，体育就是自然改造人体自身的过程，它注重人体生理机能和形态结构统一的同时，还强调身体与心理的协调发展。在高校体育教学活动开展的过程中，既要追求对体育文化的传承，又要在某种程度上推动学生体质的改善，同时，还要增强学生的心理品质和社会适应性。在高校体育教学开展过程中，营造了许多生动的情境，这一点也是其与智育教学间的不同，从而为培养学生的心理品质和社会适应性提供了有利的环境。所以，高校体育教学过程注重身体和心理的和谐发展。身体发展是基础，而身体发展支持了心理发展，同时，心理发展还能够对身体发展起到促进作用。高校体育教学开展过程中身心合一的统一性，主要体现在三个方面。

1. 高校体育教学内容要注重对学生各种能力和素质的培养，注重心理与社会适应性的培养，与社会学和心理学等方面的要求相符合。

2. 在体育教师的教学方式和教学组织上，一定要符合学生的身心发展规律，通过反复的运动与休息交替的过程，达到学生的健身目的。因此，学生的生理机能变化将会以一条波浪式曲线呈现出来。

3. 高校体育课程教学的内容与学生的年龄特征与心理特征相一致。由学生心理活动所呈现出来的曲线图像是高低波动的，而这种生理、心理负荷的波浪式曲线变化规律，则表现出了高校体育教学的鲜明节奏性与身心统一性、和谐性。因此，体育教师在进行各种教学与组织安排的过程中，应该从学生的心理特征出发，只有这样才能促进学生的身体发展，有效地调动学生的兴趣爱好与积极性，从而推动高校体育教学功能的有效发挥。

（四）体育教学过程的直观形象性

在开展体育课程教学的每一个环节，都体现出其鲜明的直观形象性。例如，对体育教师来说，其讲解不仅要与其他学科教师讲解的基本要求保持一致，而且要运用有趣贴切、形象生动的语言，对所要传授的东西进行艺术性处理，将语言简单化，使学生对教学内容的认知更加深刻。并且体育教师需要应用特殊的演示形式,通过动作示范、优秀学生的示范、学生正误对比示范、人体模型、动作图示、教学模具等直观、形象地进行展示,从感官上使学生对动作进行感知,从而形成清晰、正确的运动表象。用一种视觉化的方式来演示,让学生可以将所获得的表象与自己的思维进行密切结合,从而达到对体育知识和体育技能掌握的目标。

在高校体育教学管理与组织的过程中,也可以体现出直观形象性,因为学生的行为都是直接的、外显的、可观察的,所以体育教师的一言一行都可以起到示范作用,无形中使学生的身体和心理受到影响,进而直接、真实、显现地表现在课堂上,特别是在学习活动与运动开展的过程中,学生会用自己的一言一行表现出自己最真实的一面,这是体育教师观察、帮助和反馈的最佳时机。

(五)体育内容的审美情感性

在体育教学中,最直接的体现就是师生在进行体育活动时所展现出来的人体美和运动美。经过体育塑身,师生们身体各个部位的线条的美与身体比例对称的美得以形成,同时,在这个运动的过程中,也能体现出人体运动的美,上述都是外显的内容。在进行体育活动的同时,还能发挥出人类的精神之美,比如,在进行体育活动的时候,要克服一些生理上和心理上的困难,这样不仅能很好地达到高校的体育教育目的,而且能充分表现出礼貌、谦让、谦虚的气质。高校体育课程的开展,既是对学生身体美、心灵美的一种展现,又是对学生审美意识的一种表现。每一种体育项目,在其美学特征和美学符号方面,都有各自的表达方式。比如,在球类体育项目中,既要展现出个体的体育优势,又要考虑到群体互助、协调和合作等人际素质;在田径方面,既能让同学们展现出自己的体育天赋,又能展现出一种永不言败、永不放弃的精神;在乒乓球运动项目中,可以展现出东方人的技巧与敏捷,而这些内容都是前人积累下来的经验,再通过教师的处理,将它们教授给学生,从而让他们去感受,达到身心的全面发展。另外,高校体育教育是一项富有创意的社会实践,师生合作创造出的教育环境,不仅可以使人产生灵感,而且可以使人产生共鸣,令人回味。

(六)客观外界条件的制约性

与其他课程的教学相比,高校体育教学的另一个区别在于,高校体育的教学结果很可能会被外部各个因素影响以及现实的客观条件所限制,比如,学生的性别、年龄、生理特点、心理特点、体质强弱与运动基础、体育场地、体育设施、客观气候条件等。以上各方面原因,都在一定程度上对高校体育教学产生影响。

从高校体育教学的目标来看,高校体育教学应当体现出教育的全面性,在运动基础上,对不同水平的学生进行区分,并根据学生的性别、年龄、生理特点、心理特点与体质强弱等具体情况进行区分。比如,在机能水平、身体形态、运动功能与运动素质等方面，男生女生之间也会有显著的差别，所以，在教学选择、教学设计和教学组织等方面，就应该将两性的差别纳入考量。在没有充分关注的情况下，盲目地进行教学，不但难以达到身体强化的教学效果，而且会加大学生安全方面的风险。

从高校体育教学环境来看，由于户外的影响因素比较多，学生的视线范围较大，使得他们的注意力极易被转移，而且存在不可控制的因素，比如气候，影响到高校体育教学。在体育教育中，对体育教育的场地、设备和环境等提出了更高的要求。因此，体育教师在制订新学期的高校体育教学计划、课时计划、教材内容选择、教学组织方式实施时，要综合考量以上的主观和客观因素，最大限度地降低各类因素的影响，从而提升高校体育教学的质量和效率，同时，体育教师还应充分利用自然环境，培养学生对环境的适应能力。

第二节 高校体育教学的课程设置

一、高校体育课程设置模式

我们可以将高校体育课程模式归纳为五种具有代表性的类型。

（一）体育选项课模式和"校定特色体育必选（通）课"模式相结合

国内的一些高校，已经确立了一年级、二年级相结合的体育选项课的主要教学模式。部分大学设立了校定特色体育必通课，并明确了校定特色体育必通课课程设置模式的基本考核标准，需要高校的每个学生都能达到。比如，北京某大学要求每位男生都能学会200米游泳的技巧，并熟练掌握该技术；每位女生都应具备对一套健美操进行创编的能力。在浙江某大学，每个学生都要符合"12分钟跑步"的标准，并充分重视"课内外一体化"的建设和发展问题，以及"两条腿走路"的工作方式的贯彻落实。采用体育选项课与"校定特色体育必通课"相结合的方式，首先要有足够的体育师资队伍，其次要有学校的政策和财力的支持，保证较好的教师工作待遇，只有如此，才可以提升学生的体育基本素质，加强学生的体育锻炼意识。

（二）"完全教学俱乐部"模式

我国一些高校运用"完全教学俱乐部"模式。这一模式的基本理念是根据学生的体育学习兴趣与爱好，全面推行体育教学俱乐部模式，让学生可以自主地选择体育运动项目、体育运动实践和体育教师，并逐步将体育课程教学的俱乐部扩展到校外体育俱乐部的形式。一般而言，在"完全教学俱乐部"模式中，主要采用了指导制的形式。在应用"完全教学俱乐部"模式时，一般要求有良好的体育教学场地设备，并具有一定的吸引力。此种教学模式是教育制度中的完全学分制，并且，还要求学生具有较好的体育基本素质与较高的体育锻炼积极性和体育自我锻炼的意识，并具有良好的体育学习习惯与体育能力，充分保障体育课程的教学时间，在完善的、专业的师资结构下，充分满足学生的体育学习需求。

（三）体育教学俱乐部模式和体育选修课模式相结合

目前，国内一些高校已经在网络上实现了体育课程、时间和体育教师的自主选择。从本质上来说，体育教学俱乐部模式是介于完全教学俱乐部模式和体育选项课模式之间的一种教学模式，在采用该教学模式时，对体育教师与项目群的一定储备存在要求，学生要具有较强的选择性，也离不开体育教学专门选课系统的有力支持。需要指出的是，与完全教学俱乐部模式相比，该模式对体育教学硬件设施的要求不是很高，因此，在课程选择的可选择性问题上，很难不受课程设置模块、课程授课时间和师资力量的限制。

（四）体育基础课模式和体育选项课模式相结合

国内一些高校已确立了一年级的基础课、二年级的选项课，或第一学期的基础课，第二学期、第三学期、第四学期的选项课。一般来说，体育基础课的教学形式为行政班级的方式，而体育选项课是根据实际报名情况或网上选择的具体情况对体育班进行编制。该模式强调了身体素质发展的重要性，有利于校定特色体育与某些传统体育运动项目教学与考核的顺利开展，也有利于体育教学组织管理工作的深入开展。

（五）体育选项课模式和体育教学俱乐部模式相结合

这里所说的体育教学俱乐部模式，包含了职业实用性体育内容。我国的一些高校已经设立了上述的教学模式，特别是高职类院校基于二年级的体育选项课和二年级专业相关的"准职业岗位"特殊的体育能力需求与体育素质要求。该模式强调了体育教学的实用性功能，以就业为导向，作为一种新型的模式，将"准职业"人员的岗位特殊体育活动能力与体育素质培养作为主要目标。

二、体育课程发展的动力机制

（一）我国体育课程发展的外部动力

深入地剖析体育教学改革的动力，讨论它们之间的作用机理与内在关系，有助于我们准确地理解体育教学改革的目的，并有针对性地选择相应的程序、方法和措施，从而确保高校体育教学改革的顺利进行。

1. 体育教学改革动力机制的内涵

动力源是物理学的一个概念，后来被引申为能够对事物的运动与发展起到引发与发展作用的力量。大家都知道，在现实的实践活动中，并不是只有一种可以对体育教学改革产生推动的力量，因为各种推动力的合力，才促使了实际改革的发生。我们通常可以把这些可以促进高校体育教学的因素看成是一个系统，它们往往会在体育教学的改革中共同发挥作用。

关于机制的定义，在社会科学的研究领域中是内在联系和联系方式的一种，它存在于事物或者现象的不同部分之间。

所谓的动力机制，就是一种功能型机制。通常是指事物之所以发展、运动和变化等不同层次的各种推动力量，此外，还包括它们互相联系的方式、机制与过程。从本质上来讲，它是一种存在于动力和事物运动、事物发展之间的内在联系。与其他事物类似，动力机制的存在也作为一个系统，同时，这个系统具有多层次、多要素和复杂的特点。动力机制不仅存在于事物及其普遍的联系中，而且存在于事物内部各种构成要素间的相互依存和相互作用之中。从结构的层面上来讲，动力机制存在自己的联系方式。

由上述的认识可以得知，对于体育教学改革动力机制的理解，即高校体育教学改革的动力机制，指的是体育教学改革得以发生与发展的各种不同层级的力量，以及这些力量互相关联的方式、过程与机制。

2. 体育教学改革的动力因素

一件事情发生变化，有许多原因，按其根源，可以将其分为两种，一种是外部动力因素，另一种是内部动力因素。

（1）体育教学改革的外部动力因素

高等学校既是系统性的一个存在，又是体育教学改革中的主体。若以学校作为一个分界线，那么学校内，系统存在于边界内；而学校外，系统存在于边界外。高校体育教学改革的外部动力，也就是能够对体育教学改革起到引发或推动作用的高等学校外系统的力量。

①政治动力：政治力量的"政策牵引"

政治力量可以在某种程度上对体育教学改革起到影响和促进的作用，其主要途径是以政治牵引为主，也就是通过制定有关的政策和法律文件，达到政府对体育教学改革的影响和促进的目的。政策牵引对体育教学的职能、课程设置、教学方法、师资力量、招生对象与培养目标等方面，都产生了重要的影响。

正如一些研究学者所说：每当提到我国高校教育领域的教学改革，首先浮现在人们脑海的一定是一种自上而下的运动，通常是由中央政府来主导的，制定相应的政策和条例，并强制性地要求下属有关教育管理人员与教职人员要按章办事。

②经济动力：推动经济的发展与变革

在体育教学改革中，比较关键的外部动力是经济发展，经济发展可以有力地推动和促进体育教学改革的具体执行。因此，为了与经济发展相匹配，为今后的经济发展打下坚实的基础，高校相关的教育教学改革必须不断进行。

③科技动力：科技发展进步的驱动

纵观人类社会发展的历程，我们可以看到，每次科学技术上的重要变革必然都会极大地推动人类社会的发展和生产力的重大变化。特别是科学技术，它在当今社会中已深入到了社会生活的方方面面，并成为一种力量，在某种程度上有力地促进了社会的变革和经济的发展。

科学技术是一股强有力的力量，它可以在某种程度上推动社会变革和经济发展，也可以在某种程度上促进和推动高校体育教学的改革和发展。相对于科学技术的高度发达，高校的教育与教学相对传统，显示出比较大的惰性。教育的形式一旦定型，往往就会延续几十年乃至上百年之久。然而，科技却是最具有活力和革命性的。

在我国的体育教育改革问题上，科学技术的发展与进步对其所起到的促进作用可以概括为：

第一，科学技术的进步与发展可以促进某些传统的体育教育理念的转变。比如，当代科技的持续发展，表现出以高度综合为主、高度综合与高度分化并存的特点。这种趋势对高校体育人才的培养产生了某种影响，使高校体育的发展面临着巨大的挑战，但这也有利于推动高校体育教学中关于专业教育的开展和专业人员的培养，并逐渐形成了基础拓宽、通识教育、文理兼通的思想。

第二，高校课程内容和专业设置的更新，可以在某种程度上促进科学技术的发展和进步。高校所设立的科学的学科门类就是其专业设置的基本理论依据。随着科学技术的综合发展和分化发展，以及在科技革命带来的衍生学科日益增加的情况下，高校体育也渐渐出现了越来越多的新专业，特别是可以体现科学发展的综合趋势的边缘学科和交叉学科，逐步增加了高等学校的跨学科专业。高等学校是知识传承、知识发展的主要地方，而科学技术的存在有助于丰富高校体育教学内容，因此，科学技术的进步与发展必然会推动高校体育课程内容的不断更新。

第三，科学技术的进步和发展，可以在某种程度上促进高校体育教学的手段和方法。随着科学技术的进步和发展，现代科学技术的方法与手段向高校引入，可以改进传统的体育教学设备与教学方法，从而推动全新科学的体育教学方法的产生，使全新的体育教学技术手段得到配置。高校体育教育中的研究法、实验法、观察法、实习法和比较法等都与现代化的研究方法有很大的关系。除此之外，随着众多科技创新成果的引入，如投影仪、幻灯机、电脑等，从根本上革新了体育教学的手段。

第四，科学技术的发展与进步，在某种程度上促进了高校体育教育的变革。高校体育教学的改革，是建立在现代科学技术的发展基础上的，特别是网络技术和计算机技术的出现和运用，为高校体育教学带来了新的机遇。随着科技的进步与发展，高校体育教学的组织方式也逐步向多样化转化，比如：计算机网络教学、远距离教学、个别化教学等。

④文化动力：思想观念更新的引领

从政治、经济、科技、文化四个方面的相互对比可以看出，文化与高等教育有着很深的历史渊源。因为人们的社会心理、价值观念和思想意识都是文化的最直观的体现，所以与政治、经济、科技对于高等教育的影响比较起来，文化对于体育教学的影响当然也会变得更为深刻和隐蔽。在高校体育教学实践的总结中，也很少注意到这一潜在的影响。这就要求我们在对影响我国高校体育教学改革的动力因素进行深入研究的过程中要对这一潜在影响给予足够的重视。

随着体育教学改革的深入，我们所说的文化动力一般表现为，在观念和思想方面的创新，可以引导和推进体育教学改革，也就是说，新的观念和思想可以起到引导和推进的作用，所以，文化是能够推进体育教学改革的重要力量。此外，在这个问题上，很难将这些观念的改革与传播的实践区分开来，从根本上来说，其主要原因是，这些思潮都是一种指导思想的革命、变革，其效果必须通过实践，才能被大众所认可。

⑤竞争动力：校际之间竞争的压力

随着社会主义市场经济体制的逐步确立，以及高校办学自主权和规模的不断扩张，高校之间的竞争日益加剧，更多的高校加入到了这股竞争的潮流中，与此同时，随着我国高校国际化的加速发展，高校在参加国际竞争方面表现出越来越多的趋势。无论是国外的高校还是国内的高校，都能够很好地促进体育教学改革的发展。虽然从实质上来说，高校与高校之间的竞争是一种全方位的竞争，主要包括生源竞争、荣誉竞争、经费竞争和就业竞争等，但事实上，我们可以将其归纳为一点，也就是都是在教育教学质量竞争的范畴之内。

随着国际与国内的竞争日益加剧，高校要想提升自己的竞争实力，就需要建立自己的竞争优势，而且要加大在教育教学上的投入，加强体育教学和人才培养模式的改革。

(2) 体育教学改革的内部动力因素

所谓的"体育教学改革的内部动力因素"，就是在高校系统中，可以对体育教学改革起到促进与引领作用的关键性力量。从总体上看，我国高校体育教学改革的内部动力主要由四个方面构成。

①直接动力：使高校体育教学弊端得到克服的需要

20世纪90年代，国内某大学经过多次调研，总结出了其在人才培养方面的不足之处：轻人文重理工，轻综合素质重专业技能，于是，该校在国内率先进行了以提升学生文化综合素质为目标的教学改革。经过几年来的不懈努力，文化素质教育从一种形态走向多种形态，从造势到自觉，从局部试点到全面的开展，形成了一种科学和人文相结合，高雅和通俗相结合，课内和课外相互补充，师生友好互动的崭新局面，在大幅度提高了本校学生的文化综合素养。

②根本动力：使高校人才培养质量得到提高的需要

克服高校体育教学中的不足与缺点，只是促进或诱发体育教学改革的内部直接动力因素是不够的，使其能够顺利开展，其实质是提高自身的人才培养质量，对于高校体育教学的人才培养工作也不例外。

因此，在体育教学工作中，社会评价和检验其好坏的基本准则，就是对其人才培养的好坏的评判。而高校要提升自己的人才培养质量，就必须不断地创新体育教学理念，革新体育教学内容，改进体育教学方法，改革人才培养模式。纵观高等教育的发展过程，可以发现，高校体育教学改革的终极目标是提高人才培养的质量，这一点在现代高等教育业的全面发展中也可以表现出来。

③基础动力：改革主体的自我变革推动力

在探究体育教学的内部动力时，一定要从"人"的角度来剖析，也就是"人"在体育教学改革中所起的"主体性"。

首先，对于学校的主要管理者来讲，其承担的角色主要指高校的校长等学校领导。从高校的发展起源与历史来看，在学校改革与发展的历史中，校长一直肩负着领导的重任。一般来说，学校的领导有一定的权力，有一定的组织权威，有一定的个人影响。在学校的教育教学管理方面，在机构设置问题上，在人事管理和经费使用方面，都有领导权。因此，在体育教学改革的进程中，校长处于中心地位，他不但是体育教学改革的领导者、策划人，而且是具体的执行者。可以说，没有校长的积极合作和推进，就不可能完成高校体育教学的顺利变革。

其次，从教师的角度来说，虽然在发展变革过程中，学校是作为基本单位存在的，但也有许多个人的参与。除上述各高校的领导干部之外，还包括一直工作在教学第一线的广大教师。他们是促进我国高校体育教学改革发展的重要力量。仔细考察体育教学改革的实施过程，可以发现那些深刻触及到了教学真实问题的改革，基本都是从某些教师的自发行为开始的。所以，在实施改革的同时，要注意到教师自身的变化对改革的影响。

最后，对学生来说，在现实的体育教学活动中，他们经常被看作是改革的协助者或者是参与者，但他们是改革的主体，这一点常常被人们忽略。其实，在学校的教育和教学过程中，学生不仅是参与者，而且也对促进体育课程改革起到关键的推动作用。比如，他们对体育教学现状所表现出的批评和不满，还有改善体育教学工作的建议和意见，都会对体育教学改革的实施产生一定的推进作用与影响。正如国外有关学者所说："一个改革的内在条件就是存在学生群体对于学校的批评，如果没有此种批评的存在，那么学校当局就不会去热衷推进。"可见，在我国高校开展体育教学改革的过程中，学生发挥着积极的促进作用。

④保障动力：高校办学自主权的推动

国内有关法律就高校作为实体法人所应当履行的职责，以及其所具有的七项自主权进行了有效的明确。随着我国高校办学自主权的逐步加强，在这种促进和保障下，我国高校也提升了对体育教学改革的热情。可以说，改革开放以来，我国高校体育教学改革的顺利推进与其自主性的有效增强有着较为紧密的关系。但是，在当前的办学实践中，我国高校在办学自主权的问题上仍然存在着一定的不足之处，从而导致了高校在体育教学改革实践中的主体性和积极性没有被完全地发挥出来。高校在进行体育教学改革时，在某种程度上缺乏一定的动力，这一点也是我们日后亟待解决的问题。

（二）体育教学改革诸动力的内在联系、共同特征和作用机制

1. 体育教学改革内外部诸动力的内在联系

（1）体育教学改革的外部动力是发挥内部动力作用的先决条件

没有外部的动力，事物就不可能发生变化和发展。虽然目前的体育教学具有相对独立的特点，具有独特的内部逻辑与演变规律，但是，体育教学作为一种特定的现象，一直都是存在于社会生活中的，它与其他社会现象之间的关系也是频繁而紧密的，而且，它也会受到外部力量的影响，我们所说的外部力量，主要来自社会体系中的政治、经济与科技等方面。

没有了外部力量的刺激、诱发和推动，就很难有内部的意愿和动力来产生促进体育教学改革的积极性。因此，就体育教学改革来说，它与外部力量中的推动作用有着紧密的关系，而且，从实质上来说，体育教学改革的外部动力是其使其内部动力及自身作用得以充分发挥的重要基础。

（2）体育教学改革内外部动力综合作用于高校体育教学改革

一切事物的存在和发展，都是由内外两个方面综合作用而成的。它不是简单地依赖于外因的驱动，也不是简单地依赖于内因的自身运动，实际上，它是内在和外在共同作用的结果。

从本质上说，体育教学改革是一种内外两个动力中各种不同的因素有机结合而形成的一种最终结果，虽然上述的各因素之间有一定的差异性特征存在，但应指出，它们的分布是散乱的，并以各种方式转变为体育教学改革工作的主要动力与合力来源，以上所说的各种因素包括对话、协同、选择、融合、竞争等，它们对体育教学的改革与发展共同发挥出推动作用。

2. 高校体育教学改革诸动力的共同特征

尽管在形式上，体育教学改革的动力主要来源有不同，但是在特点上，它们也有相同之处。在这些特点的综合影响下，它们在体育教育改革中占据了一个重要的地位，进而从动力机制上推进了体育教育改革的有机构成，形成了一个合力推动的作用。其共性是：相关性与互补性特征、层次性特征、动态性特征和整体性特征。

3. 体育教学改革诸动力同体育教学改革之间的动力机制

体育教学改革的自动实现，并不是仅仅拥有能够在体育教学改革中起到引发或者推动作用的动力就能够做到。在这一过程中，各方面的动态性都需要某种机理的支撑。目前，在体育教学改革的实施中，主要有三种机制可以起到一定的作用，笔者对这三种机制的分析如下。

（1）行政机制

体育教学改革的行政机制，通常是指国家的行政部门能够主导的体育教学改革与发展。行政部门通常会运用其科层体系，最终筛选、过滤体育教学改革中的各种外部动力因素和内部动力因素。

（2）市场机制

体育教学改革的市场机制，是指市场能够在体育教学改革中起到主导的作用。在市场机制的作用下，可以对体育教学改革的各种外部因素和内部因素造成一定的影响，以确定其是否成为促进体育教学改革的动力而对体育教学改革发挥推动作用，同时是否经得起市场的考验。

（3）志愿机制

体育教学改革的志愿机制，指的是学校自身能够在体育教学改革发展的过程中发挥一定的主导作用。换句话说，就是在选择体育教学改革的方向时，要综合考虑学校自身的体育教学问题、体育教学的现状与体育教学的发展目标等多种因素。在志愿机制的作用下，高校自身可以综合分析体育教学改革的内部影响因素与外部影响因素。

在讨论体育教学改革的动力机制问题时，主要从体育教学改革动力机制的内因、作用机制与共同特征、动力因素和动力诸因素间的内在联系等方面出发，得出以下主要观点。

第一，任何一种改革的产生既需要一定动力的推动作用，也需要与之相对应的动力机制存在。在此，我们所说的体育教学改革的动力机制，主要指的是可以对体育教学改革起到推动或者引领作用的各种不同层次的力量，和它们之间有机结合的机制、方式与过程。

第二，能够对体育教学改革起到引领与推动作用的动力，主要包括体育教学改革的内部动力因素和体育教学改革的外部动力因素两种。体育教学改革的内部动力因素主要有四个方面的来源，即：使学校教育教学弊端得到克服的需要、使学校人才培养质量得到提升的需要、高校办校自主权的推动作用、高校主体自我改革的推动力；而体育教学改革的外部动力因素，主要来源是：社会大体系中的政治、经济、科技和文化等子系统中产生全新动力的需求，此外，还有教育系统中在学校相关竞争活动中产生的外部压力。

第三，就体育教学改革内部动力因素与外部动力因素之间存在的主要联系而言，外部动力是发挥内部动力因素作用的主要基础，同时，通过内部动力因素，体育教学改革的外部动力因素与内部动力因素之间有机结合得以实现，并且广泛应用于高校体育教学改革中；体育教学改革的诸动力要素之间具有许多共同特征，如互补性与相关性特征、层次性特征、整体性特征与动态性特征。

第二章　高校体育教学思想基础

第一节　"寓德于体"教育思想

一、"德"在高校体育教学中的意义分析

　　高校体育教学的根本目标和出发点是增强学生体质，培养学生良好的身心素质。高校体育课程是一项以身体和心理共同参与的运动。在高校体育教学中，学生是在参加身体锻炼和相互合作中获取知识和技能的，这在客观上为教师对学生的道德品格进行培养提供了条件。然而，实际情况却不是这样，在国内许多高校，大多数体育教师都把注意力集中在了课堂上组织方法的应用上，以及对学生技能的提升上，而忽略了体育课程中道德素质的培养，还有人将道德素质视为文化课的工作。德育，即道德教育，就是教育人的思想品质和生活品质。它的主要目的是使学生的精神境界得到提升，使学生具有高尚健康的人格素质，使学生的精神境界得到充实，使学生具有一种积极向上的生活态度。

　　国内有关学者认为，什么是教育，简单地说就是要养成良好的习惯，对于德育而言，就是要养成良好的行为习惯。在体育教学实践中，通过对学生进行知识的传授，对学生的疑惑和困惑进行解答，使学生的力量、速度、耐力、柔韧和灵敏等素质得到全面的提升。德育有别于传统的文化课程，它注重学生的体能训练和综合能力的提高。随着"亚健康"学生的不断增加，体育教育越来越受到重视，体育教育的地位越来越重要，体育教育的影响也越来越大。因而，我国高校体育教学的作用日益凸显。随着我国高校体育教学领域的不断拓展，道德教育的价值也逐渐被人们发掘出来。高校的德育工作，主要是从思想素质和道德等方面进行的。道德教育的过程，实质上就是对善与恶的分辨，对人的价值观念的塑造。德育的最终目的是使学生建立正确的道德价值观，对是非荣辱形成正确的评价准则，并将其内化于自身的内在品格，维持和弘扬于现实的生活中。在教育教学中，德育是重中之重，它也应当贯穿在整个体育教学过

程中。所以，高校体育课就成为德育教育的一个重要的载体和桥梁。

纵观体育教学，"德"在其中具有以下五点意义。

(一) 培养学生的坚强意志

相对于竞技类体育教育，高校体育教育的运动项目对学生技术水平的要求相对较低。然而，在当代体育教学中，并不只有运动技巧和身体素质等方面的教育，更要注重对学生的优秀品质、坚强意志的训练，以达到当今社会对体育教学的要求。比如，在跳马和双杠项目中，需要学生有勇气，有信心，能够自我挑战；在长跑项目中，需要学生有忍耐和毅力。为此，我们应该将体育课程标准作为基本着眼点，及时地进行教学内容的改革，并针对每个学生进行个性化处理。通过一系列体育教学活动，对学生坚持不懈、敢于拼搏、勇敢前进的品德进行培养，并将这些品德与未来的工作和生活相结合。

(二) 培养学生的竞争意识

当今社会具有效率高和生活节奏快的特点，人们要想在这个社会上出类拔萃，就得时刻处于最佳的竞争状态。当今时代对人提出了更高的要求，要求人们敢于拼搏、敢于竞争。体育教学为竞争素质的发展创造了广阔的天地。简单地说，竞争精神是对于外部环境的一种正面的回应。在这种竞争观念的指导下，人们采取了一系列竞争行为。竞争作为体育运动项目的突出特点，可以在竞技比赛中充分体现出来。在体育教学过程中，所进行的一系列体育竞赛和活动，能够将学生体内的竞争因子充分地激发出来，将他们的竞争细胞充分地调动起来，将他们的最大潜力发挥出来，让他们在体育竞争中内化竞争意识，从而建立起顽强拼搏的竞争精神。从这个层次上讲，高校可以通过激发学生的内部竞争意识，培养学生勇于拼搏、敢于拼搏的竞争意识，在竞争中帮助学生建立起良好的道德行为规范。

(三) 培养学生的团队合作意识

合作意识是个体对集体行动及其行为规则所赋予的情感与认知，合作意识是合作行为的方向标，指导合作行为的产生和发展。在体育比赛中也能看到合作意识。如篮球、排球、足球、接力赛、拔河等团体体育活动的开展，都不是一个人能做到的。如果要把以上几项动作做好，不但要精通这些体育项目所独有的技术与技巧，而且要默契配合。唯有团队合作，个体的价值在团队中才得以最大化呈现。因此，体育教学不仅为学生提供了一个可以进行交流的平台，而且为学生搭建了一个建立良好人际关系的桥梁。学生与学生之间的联系变得更加紧密，交流变得更加频繁，在无形中形成相互帮助、相互关心、团结合作的和谐氛围。学生在体会到集体的温馨的同时，也慢慢培养他们的团队合作意识，形成一种集体主义的理念。而这些，都将为他们未来的生活打下坚实的基础。

（四）培养学生的自我约束能力

自我约束的能力，简单地说，就是一个人有能力去控制自己的行为。高校体育教学是一项具有动态性的集体运动，主要是室外活动。与一般的课程相比，体育教学的管理难度要大得多，因此，必须要有一些行为准则，以确保学校体育教学的正常运作。例如，"三大球""三小球"、田径和各种集体类体育运动竞赛项目，都要遵守这些比赛的具体规则，并用自己的实际行为来维护和捍卫这些规则。这些规则对别人和自己都很公平。这是一把标尺，可以用来测量和监督每位参赛者，使他们在比赛中始终能够以清晰的准则来规范自己的行为。这样，久而久之，就会使学生自然地养成一个好的组织性和纪律性，从而增强他们的自我约束能力。

（五）调节学生的身心健康

随着社会经济的不断向前发展，人们的生活和工作压力越来越大。研究发现，体育活动对缓解紧张情绪、维持情绪平稳、满足某些心理需求等方面的具有一定的作用。这就要求我们在进行高校体育教学时，要注意培养和提高学生的身心健康。既要使学生在科学、合理的运动负荷下，达到全面提高体质的目的，又要使他们在平时的体育教学和训练之外，获得心理上的放松。在体育课中，不仅要使学生获得良好的体魄，而且要使他们获得愉快的情绪，这就是体育课的真正价值。

二、中外"寓德于体"教育思想研究

（一）国外不同时期的"寓德于体"思想研究

1. 古埃及和古希腊时期

在古埃及，人们对子女的教育十分重视，除了注重子女的身体状况之外，更注重子女的智力培养与道德修养。在他们的子女还在襁褓中时，古埃及人就会让其在室外活动，感受充沛的太阳与清新的空气；在子女逐渐长大的过程中，父母们也会根据孩子的年龄特点和性格特点，适时地进行各种游戏；在子女长成青年时，父母就会带着他们去参加激烈的球类活动和剧烈的户外运动，以最大限度地满足他们的身体和精神需要。在这样的体育运动中，他们逐步形成了遵守纪律、团结友爱、协作共赢的优良品质。可见，体育运动的开展，既要促进个体"体"的发展，又要促进个体德、智、美、劳等方面的全面发展。

在古希腊，美德不仅仅是一种身体上的美，更是一种道德和心理上的美。在古希腊，只有道德、心理和身体全面发展，才能被称为美德。因此，他们主张把"行动的人"和"智慧的人"结合起来的教学理念。古希腊人训练身体素质，并不只是单纯的体能，也不只是武力，他们还注重培养良好的品格，包括坚强、勇敢、礼让、果断、智慧等。苏格拉底曾经说："体育和音乐教育一样，应该让他们从小就开始接受，而且体育训练应该十分小心且要终其一生。我并不认为良好的体质本身有利于灵魂的修养，相反，美好的灵魂本身能够在可能的范围内改善体质。"另外，古希腊时期的其他一些哲学家也曾从不同的角度对体育和道德的关系进行详细的讨论，但是他们的中心观点都是一致的，即体育具有无可替代的道德教育价值。

从对体育对品格影响的角度来看，古埃及、古希腊先贤早已洞悉了体育游戏、体育比赛所蕴含的隐藏的、深刻的、潜在的价值。选择与不同年龄层相适应的体育游戏和体育比赛，不仅能够增强身体素质，而且能在增强身体素质的过程中，充实自己的业余生活，提高自己的道德水平。一个人的全面发展，不仅是指一个人的身体强壮，而且是指一个人的心理健全和道德完善。他们更愿意看到的是，以体育为媒介，把人培养成一个健全的人。"寓德于体"这一理念是古希腊、古埃及的文化中最为典型的一种，它对我们今天的教学具有重要的借鉴意义。

2. 文艺复兴和启蒙运动时期

文艺复兴后期法国人文主义思想家蒙田指出："教育绝不是着重于一个人心灵的培养；我们的教育也不是注重到一个人身体的锻炼，教育的对象是整个的人；我们绝不能将之一分为二……我们必须同等地给予发展，就像一鞭指挥着双马一样。"根据这一理念，我们可以总结出："要让他有一颗强壮的心脏，就需要他有一身健壮的肌肉；要让他养成劳动的习惯，就需要他提高承受苦难的能力；要想让他将来能够忍受关节脱落、腹痛和疾病的折磨，就得让他尝到各种运动的痛苦和艰辛。"所以，体育教学的实质就是要让学生通过运动来提高自己的身体素质、道德素质和心理素质。在进行身体锻炼的同时，还能间接地培养出坚毅顽强、敢于挑战、吃苦耐劳等优秀品质。因此，"身心既美且善"成为该时期体育教学的主旋律。

约翰·洛克是英国著名的教育家，他认为，教育主要由德育、体育和智育三部分构成。但是，三者中的重中之重，则是体育。在他看来，教育的中心任务就是要培养出一个健全的人，而体育就是达到这个目的的第一选择。接着，他以此为依据，制定了一系列符合当时社会发展需要的"绅士评比准则"。在"绅士评比准则"的第一条里，他要求绅士必须具备平衡发展的身心。他相信一个真正的绅士不仅要有强壮的身体，而且要有良好的教养和优雅的风度。这一观点在其经典之作《教育漫话》中得到了印证："人生幸福有一个简短而充分的描述：健康的心智寓于健康的身体。凡身体和心智都健全的人就不必再有什么别的奢望了；身体或心智如果有一方面不健全，那么即便得到了种种别的东西也是枉然。"从此以后，"健康的心智寓于健康的身体"成为主流教育思想。

说到启蒙运动，就不能不提到卢梭。他的基本理念就是"身心统一论"。他认为，人的心理和身体是不可割裂的，二者相辅相成、相得益彰，是适应社会与自然的先决条件。他认为，教育的最大秘诀是使身体锻炼和思想锻炼互相调剂。卢梭把注意力集中在感觉体验上，提倡主动参加竞技活动。他相信，通过体育竞赛，可以使人达到竞技与协作的和谐统一，使人在竞技活动中得到锤炼，从而达到净化灵魂的目的。他提倡大力建设运动场，大力发展运动场的竞技项目和游戏环节。同时，他提出童年时期是进行身体运动的关键时期。童年时期有一个很好的成长环境，他提倡在该时期，以体育锻炼为主要内容，对儿童进行自我意识和理智情感的培养。

约翰·亨里希·裴斯泰洛奇是瑞士著名的民主主义教育家。在他看来，体育教学对身体素质的重要性是毋庸置疑、有目共睹的；然而，在德育方面，体育教学的重要性也是不可低估的。通过适当的体育训练，儿童的身心可以得到全面的发展，从而在无形中推动了德育目的的实现。另外，长期坚持运动，肯定也会对练习者的性格和意志有很大的影响。不怕吃苦、敢于拼搏、敢于挑战、团结友爱、互相帮助，这些都是从体育运动中获得的无形的品德。从这一点可以看出，裴斯泰洛奇提倡在开展体育教育时，应该遵守客观的规则，让儿童进行科学合理的活动，让儿童在他们能够接受的程度上去做，从而使他们的体质得到改善，使他们的品德得到养成。他认为，体操的目的是"使儿童的身体四肢、智慧和心灵处于相互统一的和谐整体之中"，并指出，手工劳动、竞技、体操和游戏都具有重大的意义。

综上所述，许多教育家、思想家都提倡人的身体和心理协调发展。他们认为，身心相印，要把握儿童时期这一塑造良好人格的黄金时期，进行合理适宜的体育运动锻炼，让儿童在游戏、竞技比赛中培养不怕吃苦、自立自强、团结合作、勇于竞争、挑战自我等优秀的品德。这就是所谓的"寓德于体"。

3. 近现代时期

近代时期的德国，体育被认为是一种保持身体健康的方式。那时德国的体育课程是以养生为中心的，主要从卫生的角度出发，对饮食、运动、服装、阳光、空气等方面进行了深入的研究。被称为近代学校体育之父的德国体育教育家古兹姆茨则认为，体育运动锻炼的重点并不只是保持身体健康，而是要加强身体素质，提高技能，塑造人格。有着"幼儿教育之父"美誉的德国学前教育家、教育理论家福禄贝尔提倡抓住儿童时期这一黄金时期，让孩子们在游戏与竞技中，发挥他们的运动潜能，培养他们的道德品格，开发他们的大脑智慧。他曾经说过："游戏是人类心灵发展的首要手段，是认识外在世界，从事物及事实中汇集原始经验与练习身心能力的首要任务。""游戏是一种能形成非常强大的力量的心灵沐浴。"可见，他肯定并认同体育游戏活动对于道德品质和智力的重要性。一系列体育游戏活动的开展，不可避免地会对儿童的品德、心智等方面造成一些影响。在体育锻炼中，逐渐形成公平公正、忠诚勤劳、顽强拼搏、自我约束、团结友爱等素质。

英国体育思想家托马斯·阿诺德早在19世纪20年代末就开始关注体育运动和体育游戏的教育功能，提出要在学校教育中广泛开展竞技游戏，培养学生坚韧、坚毅、正直的思想品质，使学生的综合能力得到提高，从而改善整个课堂的教学质量。一部名为《汤姆·布朗的学校生活》的长篇小说在19世纪50年代问世。这部作品以描写英国拉格比公学的学生日常生活为主线，反映出其对竞技与身体素质的重视程度，远远超过了现实生活。这让那时的人民，特别是大多数教育家、思想家、神职人员和普通大众受到了极大的启发，体育教育的思想观念也出现了很大的变化，竞争精神深入人心。赫伯特·斯宾塞紧随其后出版了《教育论》一书。其主要观点是：重视游戏本身的自然属性，反对一切赋予游戏鲜明的人为色彩。他提倡在进行体育教学时，要牢记在教学中要遵守客观规则，在教学中要以科学的思维指导教学。他提倡以人的自然本性为中心的游戏环节，主张让学生尽情地发挥自己的本性，这样能持续地激发和维持他们的兴趣。他注重人在运动中能否最大限度地发挥自主能动性。他曾经说："自主能动性是人的品质中一个最有价值的因素"。而且，他所说的自主能动性也包括了某种程度的独立性，他所期望的自主能动性就是建立在这种独立性的基础上，并由此而发展起来的。他相信，人的独立能给人带来信心，培养出坚毅、顽强、吃苦耐劳的优良品格。

爱默生发展了他的人类自我完善和自立哲学的思想理念，对人们的健身运动与竞技具有重大的指导作用。在爱默生看来，强壮的身体是实现伟业的敲门砖和基石，体能是人类勇气和道德力量的源泉。所以说，一个人一生中最大的财富就是健康。他相信，脱离了实践活动，只谈论空洞的理论，是不全面的。特别是对于孩子来说，只有赋予游戏活动的游戏理论才会在他们身上生效，这些游戏自身就是那些在背后进行着真实的教育的人。

苏联现代著名教育实践家、理论家瓦西里·苏霍姆林斯基认为，在促进人的人格发展过程中，体育具有无可取代的价值。德育、智育、体育、美育、劳动教育都是教育下属的几个重要分支，都是从教育中来的，尽管他们的侧重点不同，但是他们之间的关系是相互影响、密不可分的。所以，在实施体育教育的过程中，不可避免地要实施道德教育、智力教育、审美教育、劳动教育。他主张根据学生的年龄特点，采取有针对性的教学方法。比如，幼儿阶段的体育教学要注重幼儿身体机能的激发，提高幼儿的身体素质；在青少年阶段，体育教学的重点应该发生变化，在增强体质之外，还要扩大精神空间，开发智能潜力，培养道德感情，塑造道德品德，充实自己的美学内涵，提升自己的美学水平。经过一定程度的体育教育，身形的改变，增添了人们的蓬勃朝气和信心，心态与性格也变得更加柔和。他还着重指出："体育不能仅局限于锻炼身体与增进健康，它还涉及培养道德尊严、建立纯洁与高尚的情感、确定道德与审美的准绳及对周围世界做出评价与自我评价等人的个性方面的复杂问题。"

这一时期,"寓德于体"教育思想很大程度上体现在对学生进行道德教育方面。许多体育界人士和教育界人士都非常注重人在运动过程中的独立性和自主性,并将身体素质视为人类勇气和精神的基础。他们提倡通过纯粹的自然游戏和竞技,增强人的身体素质,激发人的情绪,培育人的道德品质,从而达到对人的性格、人的心灵进行磨炼的目的。通过加强体育锻炼,能够培养人忠诚正义、果断勇敢、自我约束、自主自立等良好品质。

(二)我国不同时期的"寓德于体"思想研究

1. 先秦时期

"造棋教子"一词,出自《路史·后记》:"(丹朱)骜很媢克,兄弟为阋……帝悲之,为制弈棋以闲其情。"故事大意为:尧的儿子丹朱,嫉妒心强,骄傲蛮横,凶狠残暴,品德恶劣,兄弟之间争吵不休,矛盾重重。尧得知后心里很是焦虑,于是就命人制作了围棋教育丹朱,希望在"棋道"的教育下,丹朱能改邪归正。因此,我们不能低估围棋对我们"守之以仁、行之以义、知之以礼、明之以智"的教育功能。

春秋时期伟大的思想家、教育家、哲学家老子有云:"不失其所者,久也。死而不亡者,寿也。"这句话的意思是人若想肉体活得长久,就不能离开生命的根基,但若想获得真正意义上的长寿,还是要保持精神上的人格。所以,要得到真正的长寿,仅仅依靠维持鲜活的肉体是远远不够的,更需要不断完善自身的品质,让精神的光芒永远明亮。养生,顾名思义,就是对自己的身体进行养护。但归根结底,健康不仅要保持肉体上的健康,而且要保持精神上的健康。整个养生系统应该始终包含肉体和精神,两者是不可或缺的。庄子有云:"形劳而不休则弊,精用而不已则竭。"这就告诉我们应该把形体和精神都抓起来,并且"两手都要抓,两手都要硬"。"静而与阴同德,动而与阳同波"。这句话的意思是与阴同德,就像大地一样,厚德载物;与阳同波,就像九天之上,自强不息。由此可知,养生这一概念,在先秦就产生了,并且已从鲜活肉体的养生过渡到精神领域,开拓了养生领域的新篇章。

孔子既是儒家学派的代表人物,也是一位杰伟大的教育家和思想家。他在传承西周官学中"六艺"的基础之上,发展了独特的"礼、乐、射、御、书、数"等教学内容,这些都是孔子教学思想的反映。他提倡德、智、体全面发展,培养全面发展的人,以适应社会发展的需要。孔子的道德标准是"礼",政治思想是"仁"。在体育思想上,他倡导遵"礼"。他希望培养的是"文武双全、道德高尚"的仁义之人。孔子尚文,而"文者"又要"之以礼";孔子尚勇,他相信"仁得不忧,知者不惑,勇者不惧"。同时也告诫人们"勇而无礼则乱"。他认为,不管如何"勇",都必须遵从"礼",这是对他人的一种尊重。所以孔子说:"有文事者必有武备,有武事者必有文备。"此处的"武"

指的是军事，但因古代体育运动多是以军事为主要内容，所以此处的"武"可被狭义地认为是当今体育的源头。就"礼"来说，孔子讲究的是把它运用到实际中去，而非单纯地谈论"礼"。孔子善射御。他在射箭时，无论对围观的人还是参加射箭的人，都表现出了一种极高的礼节。那些品行不好的人，都不能参与其中。他觉得射箭的最终目的不在胜负，而在评判一个人的道德品质。"君子无所争，必也射乎！揖让而升，下而饮，其争也君子。""射"比的不仅仅是技巧，更重要的是"礼"。从箭术中学习礼仪，是行箭术的最终目的。从这一点可以看出，孔子十分重视身体和精神的统一，在提倡运动以增强体质的同时，也更重视运动对人的道德的作用。

墨子是墨家学说的代表人物，他主张"厚乎德行，辩乎言谈，博乎道术"。他认为，"德"为"力行"提出了标准，指明了方向。他对学生进行德行教育，首先要求学生能够吃苦耐劳，坚毅不屈，敢于挑战。他也主张通过"行射""习御"这一体育途径来使人的筋骨强健，将人的品格内化。

荀子是著名的唯物主义教育家、思想家。他崇尚"乐行而志清，礼修而行成，耳目聪明，血气和平，移风易俗，天下皆宁，美善相乐。"他相信，体育不仅有益于人们的身体和心理，而且能带动整个社会的精神面貌。

这一时期，"寓德于体"教育思想可以归纳为：既肯定了身体和精神的重要性，又强调了身体和精神的强健，特别是道德修养的重要性。但是，这两方面相比较而言，更突出体育的健心价值，尤其是其德育价值。古代重视"行射""习御"，但其目的并不单纯在于增强体质，而是以运动为载体，锻炼人的意志，培养人的道德品质。

2. 唐宋、明清时期

到了唐代，又出现了以木箭为代表的一项运动：用木为侯，以球代箭，用球击射木侯。在木射场上的一端，设立15根笋形平底木柱，其中5根木柱分别用墨笔写上"傲、慢、吝、贪、滥"，10根木柱分别用朱笔写上"仁、义、礼、智、信、温、良、恭、俭、让"。参赛者将手中的木球扔向木桩的方向，谁能击中朱笔所写的木桩，谁就是胜利者；反之，则视为失败。通过这种带有朱笔和墨笔字迹的木柱，人们能够了解到古人对哪些道德信仰持肯定的态度，对哪些道德信仰持否定的态度，进而帮助参与体育运动的人们形成正确的道德评判准绳。在古代体育活动中，儒家的"仁爱"思想也充分体现了出来。在体育活动中，人们把关注的焦点从胜负转向道德比较，提倡"君子之争"，体育的礼仪性、娱乐性和伦理性在这一时期得到充分体现。

颜元是明末清初著名的教育家和思想家，他主张实行文武双全，全面发展，提高学生的综合素质的教育思想。他认为，体育的价值不只是强健体魄，还具有许多内化的智育和道德教育的价值。他对体育道德教育功能的理解是："人之心不可令闲，闲则逸，逸则放""习礼则周旋跪拜，习乐则文舞、武舞，习射御则挽强把辔，活血脉，壮筋骨""以礼、乐、兵、农，心意身世，一致加功，是为正学"。所以，他在招收学生的时候，将"礼、乐、射、御、书、数、兵"作为学习的重点课程，而其中"射""御""兵"是重中之重。颜元认为，在锻炼身体的过程中，人的心性、智力都会得到提高。只要每天都坚持修炼，身体和精神都会得到很好的发展。颜元提倡身心一致，德育、智育、体育并重，才能造就社会发展需要的"栋梁之材"。颜元关于体育"德育"和"智育"的论述，都是一次全新的尝试，为后来体育向多功能方向发展打下了坚实的基础。

这一时期，"寓德于体"教育思想主要表现在：在儒学的思想体系中，体育所蕴含的"仁爱"思想，包括忠义、谦和、宽容、谦让等。教育家颜元从体育的健体价值表象出发，挖掘其深层的智育与德育价值，提倡德、智、体的全面发展。

3. 近现代时期

近代著名的教育家蔡元培肯定了体育在现代教育中的重要地位，并指出："完全人格，首在体育"。在体育与道德教育的辩证关系上，他认为体育是基础，是根本，道德教育是延伸。空谈道德的体育，会让人嗤之以鼻；空谈体育的道德，会让人的心灵无处安放。

国内有关学者认为，体育作为学校教育的基础性课程，其目的不仅在于增强人们的身体素质，而且在于提高人们的道德素质。该学者十分重视通过体育活动来培养人的德性。他曾经说过："运动之所争也，胜负而已，苟一战而负，人格上固犹在已，若人格一有所损伤，则虽胜又岂值得若许代价哉？"从这一点就可以看出，"德体并进"和"体与育并重"是他的主要观点。也有学者认为，体育是培养高尚人格的最好方式。体育锻炼能拉近人与人之间的距离，提高团队的荣誉感，增强竞争与合作的关系。因此，他得出结论：比赛是为了培养团队合作、遵纪守法的习惯，而体育旨在培养团队精神。对体育价值的研究又有了新的突破。在他看来，体育运动不仅有强身健体、道德塑造的价值，而且有磨炼性格的价值。在体育的世界中，人的性格品质，如勇敢、顽强、拼搏等将极大地激发出来。他曾说："体育最重要的效能是塑造人格，弥补教育不足之处，要学生学会负责任，学会帮助关心别人。""体育是培养学生品格的良好场所和最好工具，体育可以批评错误，鼓励高尚，陶冶情操，激励品质。"

这一时期，"寓德于体"教育思想主要表现在：在肯定体育教育基础地位的同时，又提出"德体并进"的观点；体育的价值已由肉体的强健，扩展到精神的陶冶和人格的塑造。体育中的团结合作精神和竞争突破精神，能更好地向爱国强国精神靠拢，为国家建设输送全面型人才。

三、体育教学中武术武德教育的实例分析

武术历史悠久、源远流长，因其丰富的内涵，成为中华民族灿烂文明的一种传播

载体。伴随着2008年北京奥运会的成功举办，更多的人开始认识到了武术。由于它特有的运动方式和表现形式，深受广大人民群众的喜爱，它已经在世界范围内流传开来，吸引了许多人的目光。为此，应该将武德教育融入高校体育教学中去。

（一）在教学计划中渗透武德教育

在制订武术教学计划时，武术教师要树立正确的思想观念，将武术道德与武术技术并驾齐驱，让武德教育融入武术技术教学的血液中。而武术道德教育课程的设置，正是这一思想的最佳体现。武德教育课程可以从武德的内涵、习武的观念、武德的精神等方面进行教学，使学生了解中华武术的真正内涵，并以此作为参照，对自己进行严格的约束，建立起一套科学的世界观、人生观、价值观，激起爱国主义情怀，为国家的发展作出自己的一份贡献。另外，对于武术道德的研究成果，也应该根据某些评价指标，将其纳入一个测验之中，这样才能使学生对武术道德的研究有一个清晰的认知。

（二）将武德教育应用于武术教学实践之中

在武术教学实践中，要运用多种形式、多种手段的教育方法，对学生进行武德渗透。比如，在课程开始之前，武术教师可以对学生进行武术礼仪教育，使他们对抱拳礼、递接礼、器械礼有一个科学的认识和掌握。经过一系列武术伦理教学，学生将逐步形成尊师重道、以礼相待的良好品德。在上课的时候，进行武术技术教学时，武术教师可以鼓励进步快的学生，积极地帮助进步慢的学生，营造出互帮互助的良好竞争氛围，从而让其培养出乐于助人的良好品德。在课堂的最后阶段，教师可以将课上的武术方法和武术精神推广到课堂下的日常训练中，并让学生不断地进行练习。在此过程中，学生会培养出坚韧不拔、坚持不懈的优良品质。

（三）将武德教育渗透到武术竞赛之中

课堂上对学生进行的武术道德教育只是其中的一个方面，在课外的各种体育活动中，还应该包括对学生进行武术道德教育。唯有如此，才能使武术道德的培养达到全方位、立体化的效果。在武术比赛中，学生之间可以互相切磋技艺，增进友谊。比赛的过程其实也是一种道德修养的过程。在比赛中，学生能吸取对方的优点，不断完善自身的品德。在满足基础教育要求的同时，武术教师应积极地组织学生进行各种业余体育活动，以培养他们的武术道德意识。这种形式可以不分班级，不分年级，也不分学院，凡是有利于武术道德的学生，都可以参与。在组织方式上，武术教师还可以广泛采纳学生的意见，只要学生能够积极地参加，就是切实可行的。

（四）提升武术教师自身的武德修养

教师的一言一行都会对学生产生巨大的影响，学生会对教师的一言一行进行效仿，因此教师应该自觉地规范自己的言行举止，意识到自己言行的重要性，这样才能更好地发挥自己的作用。对于武术教师而言，要强化自己的武德素养，提升自己的武德风度，以自己的实际行动为榜样，在无形中感染每一位学生，帮助他们树立起正确的世界观、人生观、价值观。这就要求高校武术教师既要在专业课上下功夫，又要在自身的道德素质上下功夫。对自己所要做的每一件事，都要以身作则，为学生做出一个道德表率。对武术教师进行武术道德教育，必须经过他们的亲身体验，这样才能使他们对武术道德的培养更有吸引力和说服力。

如今，在全面推行素质教育的背景下，武术教学是学校体育教学的一项主要内容，应当及时地对其进行变革，将武德教育与武术教学相结合，更好地发挥出武德教育对武术教学的作用，努力将每个习武的学生都培育成具有深厚的技术底蕴和较高道德素养，能够适应现代社会发展需要的新型人才。

第二节 "寓智于体"教育思想

一、"启智促健"是高校体育教学的必然选择

在当今时代，素质教育已经是一种主流的教学方式，但是，作为教育中的一项主要内容的体育教学，在注重学生身体和心理的同时，也应该扩大视野，注重智力技巧的提高。在体育教学中运用"启智促健"，是激发学生思维活力，提高学生综合素养的一种有效途径。从以上几点来看，实施"启智促健"模式，也是当前我国高校体育教学发展的必然趋势。

（一）体育教学过程中"启智"的必要性

"启智"，顾名思义，就是启发学生的智力，最终获得智慧的过程。这也是每一种课程传授知识最基本的目标。调查显示，尽管定期参与体育活动能够激发学生的智慧，但这并不意味着参与体育活动后，他们的智慧一定会得到提升。毫无疑问，智慧与体育方面是有一定联系的。然而，二者又各有特点。所以，如何在智慧与体育之间寻找平衡，寻找一个切入点，也就成为人们要探讨的重点。单纯的体育活动，虽然可以增强身体素质，提高智慧，但是智慧和身体素质的发展绝不会是同步的。运动可以保证

脑部作为"物质器官"得到很好的发展，从而为大脑智力的发展奠定坚实的基础，但未来的智力如何发展还需要时间来验证。而体育教育可以弥补体育运动之不足，它好比是体育运动的营养剂和催化剂，可以通过体育教育来促进学生智力的发展，从而达到"德、智、体"的全面发展。

"启智"思想在高校体育教学中的应用具有重要意义。在体育教学中，如果只重视技术训练，而忽略了对学生智力的发展，就会导致学生不能充分认识并把握所学的运动技术的规律，从而影响了他们智力的发展和智慧技能的学习。体育教学要通过具体的外在活动，调动学生的内心智慧。在教学实践中，高校体育教学应注重对学生进行多样化的教学，以达到有效的教学目的。

（二）启发学生智力，习得智慧技能的方法

1. 启发学生元认知参与体育教学

我国宋朝的教育家朱熹主张，教师不但要教授学习的内容，而且要教授学习的方法，教师要做的只是引导学生，其他都要由学生自己来完成。叶圣陶是我国现代著名的教育家，他倡导的是"教是为了不教"。他还主张，要让学生自己去学，不要一味地、盲目地教。从这一点可以看出，"教会学生学习"已经是被大家公认的一条教育真理，它也将学生的主体性和教师的主导性的作用都得到了很好的反映，这与当前教学改革的理念是相吻合的。"授之以渔"是指在课堂上，通过对学生的元认知进行引导，使其发挥元认知的作用，实现对体育知识的有效利用。

元认知能力是对认知能力进行调解和监控的能力，对促进学生学会学习有着重要的意义。元认知过程，实质上就是对任务知识、个人知识以及策略知识的认知过程。比如体育教学，在上体育课前，让学生对自己要实现的体育目标、体育过程中会遇到的约束因素以及学习该体育知识需要调动哪些思维和记忆等有一定的认识，就会极大地提升学生对体育知识学习的效率。在体育教学中，元认知体验起着非常关键的作用，因为元认知体验能促使学生在学习过程中进行自我调节，从而选择出最优的学习策略。在对这些运动进行观察和体验的过程中，学生会逐渐地对自己所做的运动的正确性、合理性进行检验，然后在一次又一次的尝试中，不断地进行修正，直到能够将这些运动完全掌握。元认知体验能够有效地促进学生的认知活动，从而提高学生的认知能力。教师应该教导学生，让他们拥有正确的元认知知识，体会到在认知活动中，对自己进行自我调整与自我监督的乐趣，从而激发他们的主动思维。在教学过程中，要充分发挥学生的积极性，充分发挥他们的想象力和创造力，使他们摆脱"接受"式学习的桎梏，学会探索，形成适合自己的一套独特的学习理论和学习方法，引领自己掌握学习规律，成为学习的主人。教师还应该指导学生，对他们的学习方式和学习策略展开深入的研究，并对学生的学习活动进行不断地调整，让学生成为学习的真正主人。

2. 启发学生进行新知识的建构

人与动物的区别在于，人脑能够对所掌握的知识、方法进行加工整理，从而形成一套新的知识和方法，并将其推广到未来的学习生活当中。由于体育运动项目的多变性，给学生的知识结构构建提出了新的要求。所以，在面对各种情况的时候，学生要学习如何调整自己的认知策略，对自己在脑海中已经成型的知识进行重建，以便与新的认知要求相匹配，掌握新的体育知识和技术，进而取得更好的比赛成绩或训练结果。虽然一些比赛可以被事先判断出来，也可以被事先推演出来，但每一场比赛中的每一个细节，都不是能够准确预知的。这就需要参赛者将自己大脑中的每一个细胞调动起来，寻找最合适的战术方法，才能在比赛中不断地创造奇迹。国外有关学者认为，外部的感知要素给人的智力发展提供了很大的空间，而要想不断掌握各种新技术，就必须在教师的指导下，将积累下来的运动技巧进行重组，并使用重组后的结果去尝试解决面临的新问题。所以，教师的指导与协助可以让学生获得智能技巧并且发展智力，使学生在未来能够独立面对新的问题。

要想拓宽学生的思维，构建学生的知识，体育教师必须对学生进行全面的了解，在对学生进行全面的了解，掌握他们智力的发展规律之后，要对教材进行研究，寻找适合学生的教学方式，从而调动学生参与的积极性和创造性。在教学过程中，教师要打破陈旧的思想，克服自身的懈怠，在将普通的技术动作进行教学之外，还要创编出更多的新的技术动作，以适应学生多样化的兴趣需求。只有极大地激发学生的主观能动性，才可以让学生真正学会学习，从而在今后的学习生涯中，能够主动学习、主动探索、主动创新。

3. 启发学生进行知识的迁移

在未来的学习过程中，知识的迁移是一种必不可少的学习方式，可以将人们脑海中已经有的知识运用到类似的事情当中，解决新面临的极为相似的问题。这个特点也是人类所特有的。通过知识的迁移，学生能够运用一种学习方法，处理后续所碰到的许多类似的问题。学习的信息加工理论认为，新的知识通过记忆系统进行编码、存储和提取，这是一个新旧知识交互的过程。所谓的学习，就是用新获得的信息，对已有的信息进行替换，然而，这种替换并不是简单的、没有联系的替换，它是具有一定联系的替换。在这个替换过程中，就产生了新的知识迁移。经过对所学知识的迁移，使学生能够举一反三。当然，迁移也有正负之分。正迁移，指的是一个人在大脑中已经存在的知识，会对以后的学习产生正面的作用。在课堂上，体育教师应该更多地引导学生运用正迁移，这样才能更好地促进他们的学习效果。在平时的体育教学中，体育教师往往更多地注意到了技能的转移，而忽视了技术原则和跨领域的连接。站在学生的立场上来说，仅仅单纯的学习动作，是无法引起他们的注意的。在没有任何兴趣的情况下，想要进行一些技能和知识的转移，更是困难。例如，在体育教学中，教师在传授体育技巧的时候，也可以指导学生将体育学与生物学、物理学、卫生学等相结合，将这些学科之间的关系密切联系起来，从而逐步构建出一个全方位的、立体的、完整的知识体系。最终，学生会利用这个新得到的系统的认识来重新认识运动技术的构成与含义，并会有很大的收获。在这个过程中，学生会渐渐明白教师要求他们做的是什么。当学生对体育技术动作的基本规则有了较透彻的了解以后，再面对新的难题时，就会比较容易地加以解决。而这样的信息传递，就是一种积极的传递。在此过程中，教师的恰当指导起着关键作用。在学生困惑时，教师要给予他们耐心的指导，启发他们向正确的关联方向思考，从而促进正迁移的发生，使学生在不断的正迁移中，寻找到体育学习的真谛，把体育学科的规律学习延伸到今后的各种学科和领域，变成一个能够运用所学知识举一反三的真正会学习的人才。

当今的体育课程标准，已经从设置特定的教学内容的初级水平上走了出来，为师生们带来了更多的教和学的自由，并给予了他们更多的创新性。所以，在进行体育教学的时候，教师应该以学生的兴趣需求和身体的发展特征为基础，选择可以激发他们积极性的体育运动，对可以给他们带来快乐和成功体验的运动项目进行充分安排，让他们主动参与到课堂中，并享受到自己的主体位置。然而，在当前的体育课中，掌握知识和技能仍然是基础教学目标。要使"终身体育"成为可能，就必须帮助学生从"学会体育"到"会学体育""会用体育"进行良性转变。

二、"尽心尽智"是高校体育教师应有的态度

随着时间的推移，越来越多的教育专家认识到了现代体育教学的重要性，它既肩负着促进学生身心健康的重大任务，又能促进学生的道德和智力的发展。因此，对体育教学而言，"尽心尽智"地开展好体育教学，就成为一种正确的教学态度。

但是目前，一些人仍然将体育视为非主要学科来对待，甚至体育课被其他学科抢占的现象时有发生。但是，体育也是素质教育的一项重要指标之一。体育肩负着提高学生身体和心理发展的双重任务。因此，在高校体育教学中，体育教学相对于其他课程而言，更具有不可替代的作用。为此，体育教师要在"尽心尽智"的基础上，认真对待每一堂体育课，认真完成每一个教学目标，踏踏实实地做好以下五项工作。

（一）以爱为本，因材施教

国外有关学者认为，有真诚的爱心，才有流动的血脉，才有生命的教育。一名优秀称职的体育教师，应该有一种对学生如对自己子女般的爱心，愿意将自己的全部奉献给他们。以体育考试成绩为例。通过一学期的体育教学，大多数同学都取得了良好的成绩，但也有一些同学表现欠佳。这个时候，教师要更加有耐性，让他们在一次又

一次的实践中不断地向自己发起挑战，找回信心，让他们在充满爱心的教育中不断地成长。到时候，再进行一次补考，他们的表现就会有一个巨大的提升，而他们也会对自己的表现感到满足。当然，要让学生明白考试并非终极目标，让学生在爱心的滋润下健康地生长，这是每个教师都希望看到的。

（二）营造氛围，提高效率

体育课堂不同于普通的文化课程，有其自身的特点。体育教学的最终目的是要使学生在一个融洽、愉悦的环境下，激发他们的学习热情，使他们获得良好的体育技术。因为体育课大多是一些简单的技巧练习，所以这门课程显得有些无聊，无法引起学生的兴趣。在体育教育中，应适宜地将体育游戏与体育教学相结合，充分激发学生对体育学习的兴趣。通过比赛活动的开展，可有效地提高学生对专业运动技能的学习效率。因此，在教学活动中增加了"游戏"这一活动，能使学生在课堂上形成一种愉悦和谐的学习气氛。

（三）优化结构，转差培优

"爱是教育的前提"。身为一位教育者，无论是成绩优异的学生还是成绩平平的学生，都应该关心和爱护。当遇到成绩不理想、调皮捣蛋的学生时，教师要学会科学、理性、机智地应对，进行耐心的教育引导，把握好他们感兴趣的东西，让他们敞开自己的心扉，感受到教师对他们的重视、尊重与认同。当然，也需要体育教师付出真挚的、无私奉献的爱心。在体育教学中，要始终坚持真诚大于技巧的观念，对学生全心全意地付出，相信终有一天学生能感觉得到，进而使学生向更好的方向转变。

（四）重视道德培养，教育学生做人

高校时期，是学生从学校走向社会的转折时期。那么对于每一位高素质的体育教师来说，如何在高校中培养和提高学生的体育道德，是高校体育教学的一项重要任务。历史上许多著名的教育家和思想家都提出了在体育教学中，既要加强对人身体素质的培养，又要加强对人的心灵和品德的培养。比如奥林匹克运动会。奥林匹克运动会的意义不仅仅是赛事的排名、奖牌的多少，而在于各国人民的团结，以及在奥林匹克赛场上不断向自己发起的一次又一次的挑战。优良的竞技精神是竞技运动繁荣发展的要素，人们也将从中受益。

（五）转变教育理念，倡导合作学习

目前，许多高校都在积极地进行着体育课程改革，而"合作学习"正是这一新课程的一个主要组成部分。合作学习就是要营造一种"在合作中竞争，在竞争中合作""在乐中求学，在学中取乐"的新型学习氛围，这是符合素质教育的最新要求。合作学习能够提高学生的主体意识，能够提高他们的创造力和成功的意识，还能够提高他们的责任心和团队协作的能力，是一种令人愉悦的体育教学方式。同时，教师与学生之间也应形成相互尊重、相互协作、相互了解的良好氛围。

总之，体育教育的最终目的是培养学生健全的品德，全面提高学生的综合素质，培养出能适应时代发展要求的人才。

三、高校体育教学中实施培智教育的有效途径

（一）体育与智育相互联系，对人的全面发展具有重要意义

国外有关学者曾经说过："我们把劳动力或劳动能力，理解为人的身体即活的人体中存在的，每当人生产某种使用价值时就能运用的体力和智力的总和。"从这一政治经济观点中，我们可以看出，该学者关于人的综合发展的界定，即：能够熟练地利用身体和精神两方面工作的人，才算得上一个全面发展的人。人的全面发展的根本特点是多方位的，而其中最为根本的就是人的身体与精神的发展。不管是什么样的社交行为，最终都是要靠大脑和双手来完成的。没有纯粹的肉体和精神上的劳动，将两者相统一，并应用于具体的社会实践，才能实现人的全面发展。该学者在对人的自我发展从局部到整体发展这一过程中，既阐明了人全面发展的本质特征，又对人全面发展的实质内涵做出了详细的阐释。

（二）体力与智力发展并进

放眼世界，无论是东方还是西方，教育的目的都是育人成才，以弥补人类自身的缺陷，进而发展人类的身心，使人趋于完善。智力是指人们在生活中对周围环境的认识以及利用自身积累的知识来处理实际问题的一种能力。一般来讲，我们所说的"智慧"，主要是指观察、想象、注意、记忆、思考、分析和判断等一系列精神活动。首先，人的智力是建立在其生存的土地——大脑上的，而这土地是人的生长所需，源源不断地向其供应能量；其次，人的智力也是与社会实践相结合的，只有在社会实践中才能得到比一般人更高的智慧。古今中外，有很多具有伟大成就的人，他们不但有聪明才智，而且有坚韧不拔、舍己忘我的气概，非常重视自己的身体健康。要使国家变得更强大，更要培养出更多的杰出体育人才，特别是要培养出大量文武双全的人才。

（三）体育锻炼能促进智力发展

由于受到传统思想的制约，在很长一段时间内，体育教学并没有给予足够的关注。许多学校只重视学生的文化分数，而忽视了体育分数，一些学校更是将体育视为一种胡蹦乱跳的身体动作。很明显，这是对体育运动的一种错误认识。体育运动不仅可以

锻炼身体，而且可以锻炼智力。一位学生曾经进行了一个实验，他改变了以往 8 个小时的学习时间，在 8 个小时中拿出 1 个小时来进行体育活动。经过一段时间的实验，他得出结论："7 小时的学习＋1 小时的锻炼＞8 小时的学习"。这就是著名的"8—1＞8"理论。从这一点可以看出，身体活动在人类智力发展中起到了很大的作用。我们知道，人的智力水平可以通过记忆能力、思维能力、想象能力、判断能力等方面来体现，而大脑为这些思维过程提供了物质条件和养分。那么我们的大脑是怎样产生记忆、思维、想象以及判断的呢？这也是现代生命科学的研究方向。

强健的体魄为智力发展奠定了坚实的物质基础。研究显示，有规律地进行身体运动，可以使人的身体变得更强壮，也可以使人的脑部变得更沉重，并且增加皮层的厚度。实验人员在老鼠身上进行实验：将这些老鼠分成两个小组，一个小组被放入一个很小的、不能移动的笼中，而另外一个小组则被放入一个可以让它们活动自如的大笼中。一段时间后，测定这些老鼠的脑部重量和厚度，发现经常运动的这些老鼠的脑部皮层较厚，脑部重量较大，并且其脑部神经元的树突状结构也较明显密集。这也证明了运动可以增强体质，开发大脑这一科学论断。

大脑是人体的司令部。经过漫长的历史岁月，人脑逐渐从动物那并不发达的大脑进化成智能化的人体大脑。人脑就像一张苍老的面孔，苍白而布满皱纹。构成大脑的主要单位是大脑细胞，大脑中约有 140 亿个脑细胞，其中 92 亿个集中在大脑的表层。大脑中的每一个细胞，都相当于一部电脑，负责接收、存储和传递信息的功能。

我们都知道，一台电脑的内部包含了几十万个电子元件，而且它的体积庞大。人脑中脑细胞数量是一台电脑的一万倍左右，但是人脑的体积却比电脑小得多。从这一点可以看出，人类大脑的结构有多精密和复杂。人脑工作时，必须有足够的氧气和营养供给，正如电脑工作时，也必须有能量供应。这就要求我们进行足够的体育运动锻炼，以保证为我们的大脑提供源源不断的能源。

根据调查，经常参与体育活动的人，其大脑神经细胞的反应比较迅速，体现在外部物质器官上就是视觉和听觉比较灵敏。还有一些国外学者认为，人的思维与反应的快慢，与其大脑细胞的反应速度有关。人脑最大的用途，就是能够将收到的信息经过加工、整理和编程，然后传输给下一次应用。从大脑的生理学来看，大脑的左半部和右半部是有分工的。大脑的右半脑主要负责情感和意志，左半脑主要负责推理和思维。比如，人脑的左半球是进行创意思考的关键，而人脑的右半球则是进行情感体验与文学创作的关键。就体育运动来说，它在同一时间内，使人脑的左半脑和右半脑都得到了发展，从而使激发大脑的无限潜能，促进智力的跨越式发展。

（四）体育锻炼可促进健康

科学合理的体育运动既能增强身体素质，又能提高学生的智力水平。身体素质的提高无疑会为精神素质的提高和智力的开发提供肥沃的土壤和养分。想要将身体素质转化为智慧，还需要一个磨炼的过程，这个时候就要调动大脑的多种思维细胞，找到发展规律，才能将体力内化为智力。

第三节 "寓美于体"教育思想

一、高校体育教学美理论初探

20世纪80年代初，体育教学美逐渐成为一门独立的研究学科。体育教学美理论研究范围广泛，对体育教学美的定义、理念和主要分类等进行了深入的探讨。然而，在实践中，大家的认识依然有许多问题，究其原因，就在于对体育教学美的认知不够透彻。从外表上来看，这种"运动"似乎是一种形式单调、没有审美价值的现象，这实际上是一种错误的认识。审美的创造与表现，在体育教学中随处可见，只是没有引起我们足够的重视。所以，体育教学美这一研究学科的诞生，有助于广大体育教师更加深刻地理解和认识体育教学中的美。

（一）体育教学美的定义

体育教学外在表现为身体的运动状态，内在表现为对人体的各种塑造。若套用形式逻辑学中的定义概念模式"定义项＝种差＋属概念"的话，那么关于体育教学美的思考，可以定位在"种差'体育教学'"和"属概念'美'"上。体育教育贯穿于学校教学始终，是一项十分重要的工作。体育教学是一种在教师指导下进行的教学活动。因为学生的身心还没有完全发育，所以必须在体育教师的正确指导下，提升自己的兴趣，让自己与体育教学相结合。在体育教学过程中，学生应积极地学习各项体育技能，从而促进自己的身体、道德素养和智力的发展。

作为哲学和美学重点讨论的话题——美的本质的理解，国外有关学者认为，"劳动创造了美"，"人在他所创造的世界中直观自身"。由此可见，美的本质其实就是"人的本质力量对象化的感性显现"。之后，国外有关学者继承并发展了这一观点。他认为，美是在人类的劳动生产实践过程当中产生的。从本质上讲，美学本质上属于哲学范畴，其目的在于激发主体对美的享受。当然，美的形态有很多种类。如果以领域标准来划分的话，美主要有两种，一种是艺术美；另一种是现实美。从本质上说，美可分为三类：形象性的美、创造性的美、情感性的美。在三种不同类型的美中，创造性决定着美的生命进度。因此，在体育教学过程中，教师要想让学生更多地感受到体育教学的美，就必须改革教学方式方法，只有把审美与知识巧妙地结合起来，才能永远保持体育教学美的青春与魅力。

（二）理解体育教学美的三种视角

1. 体育教学美的手段论：以美育体

以美育体，简而言之，就是充分挖掘体育深层次的美育因子，把学生引向对体育美的感知、欣赏和享受阶段。通过对体育美的研究，能够提高学生对它的认识，使学生既能掌握它，又能把它转化为自己的个性，形成具有自己特点的运动美和健康美。同时，也为未来学生运动能力的培养和终身体育锻炼奠定了良好的基础。

广大教师在课程设计中，更多地关注于课程设计中外在的形式之美。他们期望在体育教学中，能使学生展示出良好的身体姿态，为大家带来美感。比如，教师应在造型美、仪表美、语言美、示范美、精神面貌美、技术美等几个层面上，加强美育教育。可以将这些美的因子按照一定的次序进行排列组合，创造出更多新形式的组合美，从而达到提高学生对体育运动的兴趣，让他们主动地参与到体育教学的目的，在进行有趣的体育学习的同时，还能得到更美好的享受。

2. 体育教学美的目标论：以美育人

以美育人，实际上就是要以美作为体育教学的目标，相对于以美为手段的体育教学美而言，这显然更具有导向作用。如果以美为教育对象，那么就包含了将美当作一种方法来运用，这也就意味着，以美育人，就是体育教育的终极目的。以美育为目的，是为了让学生的身体和心理得到发展，让学生的人格美得到发展。

健康的身体是心灵成长的根基，为心灵成长提供无限的可能。因此，在一定程度上，体育美学对学生的身心发展起到了重要作用。它不仅可以改善人的身体素质，增强人的体质，而且可以推动人在心灵的无穷疆域中进行质变。体育美学已经从原来的局限于培养学生的身体美、运动美的狭窄范围，向培养学生人格美的方向迈出了一大步，实现了从传授技术到发展学生人格的质的转变。但是，这并不意味着放弃技术，也不意味着放弃身体，只是把更多的精力放在自己的精神上。我们要摆好心态，在发展精神领域，实现个性美的时候，不能忽略对学生技术和身体素质的发展，要以此为基础，发展学生的精神领域，从方法到目的都应实现美的教育。

我国体育教学的目标逐渐拓宽到了生理、心理和社会适应三个方向，成为育人的新型综合目标。因此，在今后的育人过程中，必须把育心与育体相结合，把主体需求与社会需求相结合，把增强学生体质与终身体育意识相结合，使教育从注重"有形"方面逐步转向注重"无形"方面，在社会适应、心理健康方面，尊重学生的主体地位，促进学生的全面发展。在体育教学美的教育中，学生可以获得赏心悦目的视觉盛宴和情感体验，从而丰富他们的情感，完善他们的人格。

3. 体育教学美的过程论：美的享受

通过肢体语言、色彩、线条、动作等载体，可以直接反映出体育教学中的美。与其他课程不同，体育教学既不像其他学科那样需要说理式的教育，也不像其他学科那样进行表象式教育，它将二者有机结合在一起。所以，体育教学美的过程就是一种对美的享受，是对真的掌握和对善的追求的一个鲜活过程，这是一个由体育教学设计者通过思考后进行再创造的过程，也是一个由教师通过多种教学组织方法和手段，让本来单调的动作技能学习变成一个充满感情味的过程，也是一个由教师利用自己的人格魅力，让学生对其产生好感的过程。体育教学美最突出的特征就是直观感性，需要借助动作、形体、空间、移动等载体进行传达，唯有将体育教学美贯穿在整个体育课堂教学过程中，才能推动学生的全面发展。

运动的形式、状态、方式、过程等都是整个运动过程的体现。运动中体现出完美的身体美感，运动的形态融合了节奏与和谐。在运动的过程中，蕴含着力的最小化与做功最大化的美感。在运动中，人可以对自己的身体进行自由的控制，可以对自己的精神美进行自我表达。体育教学与美之间有着十分密切的联系，两者之间是无法分离的。所以，在锻炼身体的同时，要将美与运动相结合，做到健中有美、动中有美，让自己享受美。从课程的角度来看，教师应该将体育教学理论与实践中所蕴含的各类美的元素进行充分发掘，特别是那些具有强烈美感的运动，比如健美操、艺术体操、体育舞蹈、花样游泳、花样滑冰等，让学生在学会这些美丽的肢体动作的同时，还能深刻地体会到这些肢体动作的特点，让他们的身心在这些美的氛围中得到解放。从教学方法上讲，教师在教学中应充分利用多种美育手段，尽量多地创造多种美学因素，提高学生的学习成效和美学水平。

（三）体育教学美的理念高度：生命关怀

体育教学美的终极追求，就是将体育教学美提升到对生命的关怀。古今中外，许多著名的教育家和思想家都对人文关怀给予了高度评价。我国先秦时期道家的代表人物之一老子，把"道法自然、自然无为"的自然生命精神融入自身的修身养性之中，表现出一种"生"的质朴精神。国外有关学者在其教育思想的基础上，从体育教学本身的"生长"特征出发，提出体育教学应遵循人的本性，让学生自由探索、自由创造、自我实现，最终成为全面发展的人。也有学者认为，学校里最基本的科目应该是人学。因此，体育教学应该以尊重人的发展为己任，使人的生命意义向完整的方向发展。体育教学中的美有助于学生形成良好的身体素质，使学生领悟美的真谛，掌握审美的技能。

在体育教学美的指导下，体育教学实现了从教师预先设计目标到学生主动建构美的蜕变，这个蜕变的过程其实就是学生探索、发现和解决问题的主体生命行为过程。

教学内容也因此一改之前的被动、权威、死板，成为一个需要再理解、再创造的鲜活个体，需要主体对象的情感灌输，使其具有生命价值。这就要求体育课程设计者与课程参与者都要积极地调动他们的情感，才能让体育教学充满生机。

现代体育课堂应成为体育教师实现人生价值，构筑生命家园，体验人生激情的乐土。对学生来说，这里应该是一片焕发生命活力、充满生命律动、舒展生命张力的地方。

从体育教学美的角度来看，体育教学过程应当是教师与学生间、学生与学生间相互交融、相互契合的过程，在这个过程中，教师与学生各自的生命价值与生命活力得到最大程度的展现。

（四）实现体育教学美理念的难点：情感关怀

国外有关学者认为，教学方法一旦触及学生的情绪和意志领域，触及学生的精神需要，便能发挥高度有效的作用。可以看出，在体育教学中，情感是多么重要。所以，怎样把情感应用到体育教学中，就成为摆在我们面前的一个迫切需要解决的问题。体育教师若能在体育教学中适当地融入自己的感情，就一定能达到营造体育课堂教学氛围、美化体育课堂教学环境的效果。在体育教学中，教师应通过表情、言语、动作示范等方式，向学生传达自己的感情，使学生体会到感情的关怀与温暖。

体育运动过程是促进学生思维活跃和情感开发的过程。在这个过程中，教师与学生的情感产生了共振，从而产生了愉快和舒适的情感体验。运动和感知之间有一种特别的关联。一般来说，人在运动的时候，感官是比较微弱的。我们无法强迫自己在感受到运动的同时，也能够感受到一切，但我们可以从运动过程中某一个具体的事件开始，将想象和现实联系起来，扩大我们的感情空间。当然，情感关怀除了快乐和愉悦等内容之外，还应该包括紧张、焦虑、忍受和痛苦等内容。在体育教学过程中，要注意到不同类型的情绪，这样才可以使学生在遇到突发状况时，能够更好地处理，从而达到提升体育教学效果的目的。

（五）体育教学美的分层与演进

体育教学美是体育教学中的一个重要组成部分，它与体育教师的体育价值观念、教学思想、体育审美情趣紧密相连。体育教学美不仅是一种形式，而且是一种理念。体育教学美的外部形态是技能技巧层面，其内部形态是教育美学的先进理念。体育教育要做到"形神俱佳"，才能实现真正的体育教学美。而在体育教学中，只有在不断地创造与重组中，才能真正地实现体育教学美的陶冶、愉悦与和谐功能。

1. 初级追求：美的方法

体育教学对美的追求有多种方式。有些是教师在教学实践中积累和总结的，有些则是直接从其他学科中借鉴而来的。当然，不管是采用直接法还是间接法，当它被运用到体育课堂教学中时，毫无疑问就是美的，也是体育教学美的一个重要构成因素。

首先，设计美教学。如果体育教师对学生的心理需要和审美需要有更多的了解，以学生需要为基础来设计体育教学环节，就能够对提高教学质量起到事半功倍的教学效果。

其次，语言美教学。语言是体育教师教学的基本技能之一。体育教师语言美是体育教学美的体现之一。古语有云："师者，所以传道受业解惑也"，这说明了教师职业的特点与目标。而语言教学又是"传道受业解惑"的一个不可缺少的因素。这就要求体育教师语言简洁、逻辑清晰、富有感情。体育教师只有在语言方面做足了功课，才可以成功地吸引学生的注意力，开启学生想听、喜欢听的第一步，从而在无形之中达到体育教学中语言美的目标。如果体育教学没有语言的美感，那么体育教学以后的美感将很难获得。

再次，形式美教学。体育教学形式美的突出表现为队列的设计，它已成为指导学生实践的一种重要方法。在教学过程中，可以使用一些影像器材来刺激学生的感觉神经，激发他们的学习兴趣。当然，由于教学内容的不同，队形图的形式也不一样。比如，体育教师在讲授武术的时候，可以用太极队形来讲授；在健美操教学中，可采用圆形队形；在田径运动教学中，可采用方形队形教学。根据不同的教学内容，运用不同的队形，使学生产生一种新鲜感，增加对体育知识学习的乐趣，给学生带来了美的享受。

最后，动作示范美。体育教师是学生学习的楷模，是他们学习的榜样。所以，体育教师在教学中的示范作用非常重要。体育教师技术娴熟，动作优美，体格健壮，都是学生学习的榜样。

2. 中级追求：美的心理体验

在体育技能学习的过程中，教师对学生所练习的动作或比赛的赞赏，能够激发学生对体育技能学习的兴趣和求知欲，进而获得一种具有美的自我心理体验，让他们能够积极地参与到学习中来。学生一旦主动自觉地学习，就能在学习中感受到战胜自我的快感。在对自己的表现进行一次积极中肯的自我评估之后，学生可以持续地进行自我调节，从而提高自信心，让他们在今后的学习过程中，拥有一股正能量，以一种积极的态度去面对未来的种种挑战。教师应该指导学生，让他们学习如何进行自我欣赏，能够做到排除干扰，将注意力放在对技巧技能的钻研、模仿、比较、形成、提高上，从而形成一个清楚的运动表象。学生对自身的体育美进行正确的鉴赏和恰当的评估，能够产生丰富的情绪，从而产生学习的积极性、满足感和自豪感，并在此基础上实现自我突破。

在进行体育教学美时，不仅要注重自身的审美，而且要注重对别人的审美，钦佩别人包括钦佩教师、钦佩同学、钦佩优秀运动员等。在别人的帮助下，使自己的感性知识得到充实，理性知识得到提升，这就是"美的他人欣赏"。为了让自己的运动技术水平能够更上一层楼，学生可以将优秀运动员的完美技术作为自己未来要努力的方向，从而端正学习动机，激发无限潜力。在比赛中，教练要保持对每个选手的赞赏，适时地进行反馈和归纳，调整选手的心理状态；选手们在胜利的时候不会骄傲，失败的时候也不会沮丧；他们在竞赛中不会追求超过他人，而是追求战胜自我；他们会进行坚韧的奋斗，会不断进行自我提升，尊敬对手，尊敬裁判；他们会主动地完成他们的体育责任，实践他们的体育精神；裁判工作公道，严格要求自己，一视同仁，细心细致。通过对教练员、运动员及裁判员的赏识，让学生了解运动的精髓，从而提升其参与运动的热情。单从这一点上讲，体育教学能为学生带来的审美体验是体育竞赛不能比拟的。

3. 高级追求：美的创造性教学

美之所以为美，是因为美的本质具有自由性和创造性。同样，体育教学中的美也具有创造性，美的教学在于创造，而不能千篇一律。国外有关学者认为，审美带有令人解放的性质，为人的自由发展开辟通向未来的道路。教学能不断警醒学生大脑中的理性法则，唤醒个体生命中沉睡的社会规范，让生命拥有无限可能性。

体育教学美应根据现实的审美要求，以明确的审美目标为导向，进行具体的教学。因此，体育教师应具备较高的审美素养。体育教师只有敢于突破常规思维，灵活运用教材内容，才能真正实现体育教学美。体育教师应转变思维，灵活思考，使学生积极参与到教学活动中来。体育教师要想实现体育教学美，就要学会突破体育课程标准的束缚，对教学内容进行有序排列和组合，融入新的特色内容，填补教学空白，创造出令人记忆深刻的教学环节，让体育教学美得到充分体现。体育教师在体育教学中，要善于将身边的感性材料和艺术形式引入到体育教学中，使体育教学焕发出新的生机，从而吸引学生，帮助学生理解所学知识。在和谐的师生关系中，教师与学生一起感受美、欣赏美、憧憬美。

4. 终极追求：追求体育教学美的精神

"成人""为人""完人"贯穿于当代体育教学中的审美活动，其目的在于推动人的心灵之美的生长。而心灵之美的缺失，则是对"为人"之美的遏制。在这一意义上，学会和追求体育教学的美学精神自由，应该成为体育教学的重要目标。

人类创造了体育，就是为了让人能够用它去感悟人生，快乐生活，享受生活，从而追求美、创造美、提升美，享受自己的精神世界。在对体育课进行审美的同时，也要对与之相适应的技术有清晰的认识。人只能以对肉体的自由控制为前提，实现对心灵的自由控制。体育美的精神不仅仅是一种物质上的需求或者是一种肉体上的本能，更重要的是它可以为人类带来一种普遍的、持久的和深刻的心理体验。美既能培养人们的道德品质，激励人们的奋斗精神，使我们的社会变得更加文明和纯洁，又能展望我们的将来。在体育教学中，学生可以把握体育情感想象和生命关怀等符号，用一双"发现者"的双眼观察这个世界。

二、美在高校操类教学中的合理运用

如今，健美操已经变成人们健身、休闲、娱乐的一种重要的体育活动。健美操在短短几十年的时间内，就进入了人们的日常生活，使人们的生活得到了提高，并使人们的生活变得更加愉快，受到人们的欢迎，这与现代社会人们对美和对美好生活的不断追求有着密切的关系，这也与健美操本身具有深刻的美学基础、符合人们审美心理需要的特点密切相关。以健美操为主题而展开的各类活动也变得越来越多，越来越受欢迎，比如，具有较高水准的全国健美操锦标赛和大学生健美操比赛，快速发展的各种形式的健身俱乐部，在各种聚会和晚会中的健美操表演等。

（一）健美操运动的美学原理

美的基本形式主要表现为整齐、对称、比例、均衡、对比、层次、节奏、多样统一等方面，为健美操创编者提供了基本的美学理论。

从定义上来看，健美操具有三个方面的含义：第一，健美操是以裁判员依据规则评分为主的体育运动项目，这一特点决定了它在创造美时必须符合体育美学的标准与要求；第二，健美操如同音乐、舞蹈等项目一样，是以艺术表演为主的观赏性项目，这就决定了健美操美的实现必须符合艺术审美、音乐审美和人体服装审美的基本要求；第三，健美操是以达到健身、健美和健心为目的的娱乐、观赏型体育项目，说明健美操必须要达到塑造形体美、健康美的目标，才能适应现代社会的审美需求，才能健康稳定地发展下去。

根据健美操概念的三个内涵，我们可以推断出，健美操的美受到体育美学、艺术美学、音乐美学、人体装扮美学、人体形态美学和当今社会人们的审美观等诸多方面美学理论的影响。我们应该以美学原理为依据，设计并创造出更符合人们对美的需要的技术动作和套路，从而促进健美操的生命源泉进一步发展。

在进行健美操的设计与创作时，应遵循以下几个方面的美学原理。

1. 体育美学中的"技术美"决定健美操运动技术的发展方向

（1）"技术美"在运动审美中的地位。在体操比赛中，只要是选手自创的新招式，就以选手的名字命名。由此可以看出，技术不仅是人对自然界的展示自身力量的过程，而且是人对自己的挑战，是人类本质力量的表现。而这正是"健美操"技术美的重要来源。

运动中的"技术美",在很大程度上体现为"动作美"。"动作美"是由身体姿态、运动轨迹、时间、速度、力度、节奏等要素所构成的一种动态之美。人体运动是体育存在的方式,体育美必须通过优美、细腻、柔软、精巧、刚健、敏捷等各种的人体动作及其组合来塑造美、创造美、表现美。在体育美学中,"动作美"是基本的。"动作美"的特征是准确、干净、协调、连贯,具有强烈的节奏感,使人感受到一种完美无瑕的美感。应特别注意的是,运动技术的创新性是健美操运动技术美的源泉。

(2)体育美学中的"技术美"对健美操运动技术设计与实现起着引领作用。健美操作为现代体育项目中最受欢迎的项目之一,在进行技术动作创作的时候,应该注重对每一个动作的构思,保证在技术动作上的创新,让它的技术动作具有"难、新、美"的特点,从而满足人们对新的美的追求。健美操应该按照体育美学的要求创造出属于自己的"技术美",并将其表现出来。它的具体要求是:

①健美操运动中"动作美"的设计和实现,是健美操运动中"技术美"的核心。健美操的"技术美",关键在于动作的优美。健美操是以"美"取胜的竞技运动,其最高旨趣就是"美"。要实现"动作美",就必须把基本动作标准化。以健美操竞赛规则为依据,运动员在比赛中必须完成一些特定的、不同类型的难度动作(动力性力量、静力性力量、跳跃、踢腿、平衡、柔韧等)和具有健美操特点的操化动作及基本步法。对这些具体动作的选择和完成,既是对运动员技术动作能力的一种展示,又是对体育运动美的一种最高境界的体现。全套动作编排得优美和大气,是赢得比赛的一个重要因素。

健美操的"动作美"主要表现在个人或团体的身体动作上。运动员要巧妙地协调运用训练有素的内力及柔韧性控制来完成各种不同的身体姿势,表现出能具体体现健美操运动风格的造型美、柔软美、力量美、难度美、新颖美等。与此同时,在完成成套动作的过程中,每个单个动作的完美无缺、衔接动作的自然流畅和适宜的动作幅度是健美操运动所特有的美学要求。例如,动态形式中表现空中变化的大跳成俯撑、空中转体成俯撑、单臂移动俯卧撑,表现柔软的各种劈腿、劈叉和静态形式中大量的人体静态造型,如单臂分腿高直角支撑、"叠罗汉"等充分展示了运动员良好的身体素质。这些动作位置高低的变化、速度的变化、层次的变化、幅度的变化,共同组成了健美操特有的一种风格和美学特点,给人带来一种惊险、意外、刺激的情感美。

②注重对运动员姿态美的塑造。姿态美是一种带有造型要素的静态美与动态美的结合体现,是一种由身体各个部位相互协调而形成的外在形式之美,体现了一个人的仪态与气质。优雅的体态,也就是良好的身体姿态,特别是表现为身体活泼、充满活力的动态美。

要实现"姿态美",就必须使每一个动作都达到特殊的要求,并通过高难度的技术动作、独特新颖的编排、舒展大方的动作、丰富的形态、和谐的乐曲,充分展现出它的魅力。在进行健美操的设计时,每一个动作形式的选择通常都要根据选手的体型和选手在完成这一动作时所呈现的姿势。举例来说,健美操对支撑类动作的要求是:每个支撑动作必须保持2秒钟;支撑转体时必须完整;所有的直角支撑动作,腿必须垂直;高锐角支撑动作,后背必须与地面平行;所有的水平支撑动作身体不能高于水平45度。

不管是在竞技健美操中还是在健身健美操中,姿势和动作都应该显得自然大方,富有生机和活力,并且要将体育审美中"立如松,坐如钟,卧如弓,行如风"的人体姿态美的要求付诸实施。所谓"立如松",就是一名健美操选手或者是一名锻炼者,无论是开始的站立姿态还是亮相或结束动作,都要像一棵青松一样笔直挺拔,头、颈、躯干和脚的纵轴应该在一条垂直的线上,抬头平视收下颌,立颈挺胸收腹,沉肩两臂自然下垂,臀部紧缩而双腿上拔,使男子充满力量感和男子汉的气概,女子则亭亭玉立,富有弹性感和宁静感,同时具有一种豪爽英气,别具现代女性的魅力;"坐如钟"指的是当健美操选手在做这个动作的时候,身体要像一口铜铸造的大钟一样端正稳重,挺胸收腹;"卧如弓"的意思是,当有倒地动作的时候,选手要做到身体的协调平衡,轻松自在;"行如风"则是指选手在比赛中,步伐要轻盈迅捷,不能有丝毫的迟缓和沉重,以免破坏美的享受。

2. 舞蹈艺术美学给健美操表演的艺术特点和艺术表现力提供了有益借鉴

每一种舞蹈艺术都承载着人类的物质与精神世界。舞蹈是一门以人体形态运动作为基本的表达方式,通过人体形态运动来塑造人物形象,表达思想感情的一门表演艺术。具体来说,舞蹈是一种将表演者的形体动作、姿态、造型等作为传达媒介,将人体动作在幅度、力度和角度上的变化、运动作为艺术语汇,从而将人们的内心情感、审美追求以及时代精神进行表达的一种表演艺术。

(1) 舞蹈艺术的美学特征

①动作性、韵律美。通过对音乐旋律的改变,可以将舞者的内心情绪表现出来,同时也可以通过音乐的结构,将舞蹈本身的结构和进程进行有机地组合,从而使舞蹈具有弹性,富有情趣和韵味。

②程式化和虚拟性。舞蹈动作的程式化,是舞蹈发展到比较成熟的一个过程的产物,它对舞蹈动作的表现手段进行了充实和提升,让舞蹈动作看起来更加规范整齐、活泼自然,同时还能比较平稳地传递一定的情感意蕴,从而对舞蹈风格的形成有所帮助。尤其是在古典舞、芭蕾舞中更为明显。

③表演的综合性。虽然舞蹈并不属于一门综合艺术,但是它的表现却具有许多综合性的特点。比如,当一个人的舞姿稍有停滞时,就会呈现出一种雕刻的意味,以至于在西方的舞者看来,"舞蹈家的任何瞬间都该是雕塑家的模特儿"。舞蹈与音乐更是紧密相连的双胞胎,音乐是"舞蹈的灵魂","音乐中包含了并决定着舞蹈的结构、特

点和气质"。舞蹈的节拍往往是由音乐控制的。除此之外，造型也是舞蹈中不可或缺的一部分。舞者的服装和道具使得舞姿更加生动形象；舞台美术、灯光设备等，都为舞蹈表演营造了一种氛围。

(2) 舞蹈艺术美学为健美操的艺术设计和艺术表现力提供借鉴

从艺术角度上看，健美操与舞蹈艺术美实际上是统一的，是人的本性在现实生活中的一种感性表现。舞蹈艺术的概念是指各种舞蹈艺术的总和，通过表演动作创造艺术形象。而健美操则是在人类对健美身体的渴求中产生的，它是由体操、舞蹈和音乐逐渐融合而成的。

总之，健美操是一项将艺术表现融为一体的运动项目，它是对时代精神的一次重现，其所表现出来的自然之美正是我们所要追求的至高的艺术境界。

3. 音乐影响健美操动作完成的和谐美，并能同健美操动作一起反映整套健美操的思想内容主题

在人类心灵世界中，音乐最能体现人类的精神，有人将音乐称为"诗的心理学"。国外有关学者认为，音乐可以再现心灵的一切。

在发挥出健美操运动员艺术表达能力的过程中，音乐是一个非常关键的要素，它对健美操动作完成的协调美有很大的影响，并可以与健美操动作一同，将整个健美操的思想内容主题给反映出来。

在选曲上，可分为根据动作选择音乐、根据音乐创编动作两种。然而，无论采取何种方法，在进行健美操运动的时候，都必须表达出某种主题，让人在特定的情境中感受到一种美感体验，而这种美感体验是由音乐和动作结合起来的。有的时候，一组完整的健美操运动，会有自己独特的主旋律。比如，以天真活泼、顽皮可爱的动作及其组合而创编的幼儿健美操，以日常生活小事为主题的中老年健美操，还有穿插于篮球比赛间隙的啦啦队表演的健美操等。健美操音乐的曲调还会折射出某种题材。比如，在国内外大型竞技健美操比赛中，很多参赛选手的成套动作所采用的音乐，有以动物行为、体态为主题的音乐，有以神话故事为基础的音乐，还有展示民俗、民风，反映本民族典型特点的创编音乐等。

4. 人体形体美学决定健美操运动员的选材方向和人们参与锻炼的目标追求

美学认为，人既是唯一的审美主体，也是最美的审美对象。对于人体美的鉴赏，是一项贯穿于整个文明历史长河中的现象。这一现象的产生源于母系社会，在那个时期出现了崇拜女性美的裸体艺术作品。但是，在世界各个地区、各个民族，关于人体美的概念和标准都是不一致的，而且，人类对人体美学的标准也会随着时间的推移而改变。就像是在古希腊时期，为了战争竞技的需要，人们将强壮的体魄视为男子人体美的标准，并将其视为一种荣耀。

（1）人体形体美学的标准。什么样的形体才算美呢？达·芬奇在讨论人体各部位比例的时候，提出过一套标准。例如：人的头部应该与胸背部最厚处一样，均为身高的八分之一，肩膀最宽处为身高的四分之一，双肩平伸的宽度应该与身长相等，胸部和肩胛骨在同一水平线上，两眼之间的距离应该为一只眼，耳朵和鼻子的长度应该相等。符合这些比例的人体才是美的。也有人提出，上半身和下半身的比例，以肚脐为界，应该是"黄金分割"的。当然，这些观点用来作为永恒不变的人体美的标准是不恰当的。从时代发展、民族区分等情况来看，人体美的标准是多种多样的，但大体是符合实际的。又如五官端正、发育正常、身材适中、肥瘦合适等，关键在于适宜。国外有关学者认为，有些脸面，一部分一部分地观察，是找不到一点好处的，但将各部分合在一起，那些脸面就很好看了。有的人则正好相反。

（2）人体形体美学对于如何选择健美操选手，以及如何进行健美操锻炼，都有一定的启发意义。它不仅为健美操运动的"外在美"的发展指明了道路，而且为运动员选材、对表演者的挑选等方面提供了理论依据，并为从事健美操运动的人树立了一个对人体美的追求目标。

其实，在日常生活中，健美操是有意识或无意识地利用各种艺术、体育的方法对人类的人体美进行宣传、展现。健美操作为一项处于文艺和体育之间的边缘项目，也正因为其本身的特性，使其具备了美的欣赏价值，使参加者和观赏者都能获得一种精神上的享受。在健美操中所呈现出来的人体美，是一个人的形态美和姿态美的一种体现，它是一种以客体规律的形式呈现出来的主体活动，是一种运动美的凝结。这促使广大群众对人体美产生向往，使他们积极主动地参与到健美操运动中来。

此外，健美操所要寻求的身体美，既是一种自然的存在物，又是一种社会的存在物，因此，人体美必然是一种自然美和社会美的融合，也就是形体美、姿势美、动作美和气质美的高度融合。国外有关学者曾说："人体美，是美中之美，来自其生命和自然流动。"健美操的人体美以身体动作传情，形神兼备为特征。这种形式的艺术魅力，就在于选手或表演者能够"发于情而形于神"，与人的内心一起舞蹈，将美好的感情融入自己身体的每一个动作当中，从而创造出一种形神俱备的美丽的形象。所以，健美操应该是一种综合的整体美，它的人体美体现了内在美与外在美的结合，体现了它的青春朝气与动人的魅力。

5. 当今人们对社会美的追求

社会美指的是社会生活的美。这是一种从社会实践中产生的文化现象。美与真、善密切相关，社会美无法离开社会生活实践而存在。社会美的核心是人的美。社会是人组成的，社会只能是人的社会。只有人类，才是社会的主体。社会美的本质在于人本身，在于人的社会生活、社会关系和社会情境之中。没有了人，就无所谓社会美。尽管社会美表现形式多种多样，但从根本上说，其本质就是人的美。人作为美的创造者、美的欣赏者，是审美的主体；同时，人也成为审美对象，是审美的客体，是现实生活中最美的欣赏对象。人类社会对美的追求永不停息，现代社会中涌现出来的各类艺术作品，正是人类创造美和欣赏美的产物。

不同时期、不同国家、不同民族所追求的社会美也是不同的，实际上反映了不同国家或民族追求的美的内容是有差别的，也从侧面反映了不同国家、不同时期的社会风俗。健美操作为一种具有艺术性的体育项目，它同样也要符合社会美的潮流，要将社会美表现出来，并创造社会美，引领着人们去追求社会美。

健美操的社会美主要是通过人们的思想、性格和举止表现出来的。在如今这个时代，公众人物是最易被模仿的对象，而健美操则是利用了运动员的完美表现，再加上良好的身体素质，从而激发出大家参加的愿望和积极性。我们可以从下面两个角度理解健美操的社会美。

（1）从练习者的角度看，当健美操这一时空艺术进入人的审美视野后，就变成了特定的审美对象，从而形成了特殊的审美形态。健美操美感的出现，是来自个人的直觉，即参与者对动作技术的心理感受，不仅存在于对美的鉴赏，而且存在于对美的创造，尤其是对艺术的创造过程。对美的全面认知，就会激发人们内心的美，才会调动人的感觉，激发人的情感。健美操是一项将身体的律动与心灵结合在一起的体育项目，参与者必须将所有的情绪都融入自己的形体动作之中，并用自己的思想创作出美的内涵，这样就可以实现"以体传情，形神兼备"，而且，这样一种没有声音的人体语言，饱含着生活的热情，会给人的精神和肉体带来一种无与伦比的快乐和喜悦。

（2）从欣赏者的角度看，在练习过程中，随着优美的音乐节奏，表演者利用变化不定的难度动作和操化动作，把美的形体、美的姿态、美的线条、美的音乐、美的队形、美的服饰等都展现在欣赏者面前，而欣赏者则会在表演者的表演中得到一种美的享受。也就是说，客体传递出来的美的信息，极易在主体眼中演变并逐步上升到理想的模式与富有魅力的符号，从而引发主体的心灵震动，使主体在一种圣洁的美学气氛中体会到这种美感的内涵，从而对健美操的美形成一种敬畏与热爱。

6. 人体装扮美学是健美操实现外在美的必然条件

人体装扮美学是研究如何运用美的规律去塑造和装扮人体，使人自身变得更美的一门实用美学门类。俗话说："三分长相，七分打扮。"可见，装扮艺术在人们的日常生活中起着重要作用。

（1）人体装扮美学的基本内容及审美标准

人体装扮包括服装和打扮等方面的内容。服装指的是穿着的艺术。打扮指的是化妆、美容与装饰的艺术。

①服饰美

我国古语说："食必常饱，然后求美；衣必常暖，然后求丽；居必常安，然后求乐。"在衣、食、住、行中，衣着是除了食物之外最重要的事情，从服饰的发展趋向来说，已逐步从以"暖体"为主的服装向美观、漂亮、有魅力的服装方向转变，从而为人类提供了一种美学上的享受。

第一，服饰美的流派。目前，世界上对于服饰美的追求主要可分为两大流派，一是抽象派；二是实用派。其实两者都是以服饰的审美功能为目的的，只是侧重点不同。抽象派较为重视服装的审美观赏性，以追求美学价值为主要内容，要求服装能够对实际生活进行超越，在美学上有一种超前性；而实用派则更注重服饰的实用性，他们需要能够在社会中得到广泛的普及，得到大众的认可和喜欢。这一切都表明，服装已经是人们生活中不可或缺的一部分，在美化人们生活、提高生活质量等方面发挥着日益显著的影响。第二，服饰美的构成要素。虽然每个人都有自己穿衣戴帽的喜好与习惯，但在如何穿衣戴帽上却有着很大的学问。适当的穿着，可以将服装独特的美学意蕴发挥出来，与人们的容貌、气质等相协调，让一个人既拥有诱人的外表，又拥有充满魅力的内心。要增强服饰的美学作用，就需要对服饰造型的各种要素进行全面的认识。

配色指的是服饰色彩的合理运用和搭配。这里也涉及色彩的审美特性问题。色彩之所以重要，就是因为它可以最大限度地激发出人类视觉上的美感，是一种可以被人类广泛认可的天然材料。

色彩与人的情绪的关系主要表现为：寒暖感。色彩的寒暖，是由色调来确定的，通常会让人感到温暖的颜色，被称为"暖色"，主要有红色、黄色等；使人感到寒冷的颜色被称为"寒色"，又被称为"冷色"，主要有绿色、蓝色和紫色等。兴奋与恬静感。一般来说，温暖的颜色给人一种活跃的感觉，而寒冷的颜色给人一种沉静的感觉。华美而又古朴。红色和紫色给人一种富丽堂皇的感觉，而黄色和橙色给人一种朴素的感觉。联想与象征。在人类的生命体验中，红色代表着阳光与火焰，象征着激情；绿色是植物和树木的颜色，在自然界中象征着新鲜和美好。

色彩的这种美学特征是服装搭配的关键。服装的色彩搭配必须符合不同年龄、不同性别、不同性格、不同职业的人。整体而言，服装的配搭应使人觉得得体大方，具有某种协调之美。所以，服装的色彩搭配应该遵循美的和谐统一的原则。

款式指的是服饰的式样和审美造型因素。服饰的款式随着时代的发展而发生改变，反映了人类对服装美感的持续追求。例如人们经常说的"流行款式"。

功能主要指的是服饰的审美功能。服装受到广大人民群众的青睐与关注，不仅在于其"蔽体"的功用，而且在于其具有的美学意义与功能。

②化妆与美容

第一，化妆。在人体装扮中，化妆和美容是不可缺少的一环。如果说衣着装饰是为了使人的形体变得漂亮，那么化妆和美容就是为了使人的容貌变得漂亮。面部是人类身体主要的外部器官，它与人类的总体美感有着密切的关系。化妆就是把人的脸部打扮起来，用化妆品把人的脸变得更漂亮。在当今社会，化妆已经成为人类（特别是女性）的一项基本工作，并日益得到重视。一张脸，在化了妆之后，会有一种让人赏心悦目的感觉。化妆时要注意脸部、眼睛、唇部、手部等几个重要方面。第二，美容。很多人认为，美容和化妆是同一件事情，但实际上，这两件事情是既有关系又有不同的。从词源学的角度来说，这两个词都意味着容貌美丽。然而，美容与化妆也存在不同之处：从内涵范围来说，化妆的含义比较狭隘，而美容的应用范畴则比较广泛；从功能上来说，化妆多为装饰的作用，而美容并不局限于装饰自我，还有更清晰的医疗目的。

③装饰物

人体的美，除了具有天然形态和必要的化妆和美容之外，还与装饰物的美学功能密不可分。有些时候，适当的装饰品可以发挥出画龙点睛的作用。

人体的饰品主要包括：头饰（发卡、发网、帽子、头绳等）、胸饰（胸针、胸花等）、腰饰（腰带等）、首饰（耳环、项链、手镯、戒指等）。

佩戴配饰也必须要依据穿戴者的年龄、性别、着装的颜色样式，进行有目的的挑选，这样才能给人体的美发挥出锦上添花的效果。

(2) 人体装扮美学为健美操表演者对美的设计提供了理论基础

根据人体装扮的美学原理，在健美操的竞赛或表演过程中，选择颜色协调、款式新颖、富有特色的服饰，并对其进行适当的打扮，配合特殊的装饰，不仅能让运动员或表演者变得更加出色，而且能展现出他们特有的艺术魅力。

按照服装的美学准则，每一种颜色都能让人产生一种美丽的感觉，因为每个人的审美爱好都不一样，所以在对颜色的偏好上也就存在着各自的偏好，不同的颜色会让人产生不同的心理感觉，从而引发出具有差异的联想。在进行体育锻炼的时候，要根据自己的年龄、性别及所要表达的思想感情的特定需求，对服装的色彩进行选择，用色彩传递信息，表达情感，凸显个性，让人感受到丰富多彩的画面，感受到无尽的美好的想象。

服装是一种文化现象，它在一定程度上体现了一个人的性格特征。总的来说，男性服饰图案大多体现了男性粗壮有力的特点；而女性的服饰图案，则是展现出了女性的青春靓丽，充满了清纯优雅的美感。但是，有的时候，服饰的样式又可以灵活变化，不落俗套。例如，总体上的粗糙和部分的精致，让它看起来更加独特，更加吸引人，让运动员或表演者在比赛或表演中都能表现出一种豪情奔放的自信。

此外，还要注意选择合适的头饰，如丝巾、发带、发卡等，并佩戴一条能凸显个人风格的腰带，都能为运动员或表演者增添光彩。

（二）健美操运动的美学特征

正如前面提到过的那样，健美操是将体育与艺术融合在一起的体育活动，用它独特的艺术魅力吸引更多的人，它不仅具有文化艺术内涵，而且具有体育竞技形态，它是继体育舞蹈、花样滑冰、花样游泳、艺术体操等项目之后，又一个体育与艺术相融合的运动。其特点是强身健体、陶冶情操，具有很高的观赏价值和美学价值。健美操给人的美，并非单纯的对人体原形的自然展现，它是经过了科学化、系统化、专业化的培训后，人的身躯在音乐的伴奏下，完成一系列连贯流畅的、富有弹性的动作，以动态的和静态的外在形式所展现的美学特征。

（三）健美操运动的审美标准及美的创造与实现

爱美是人的天性，特别是中青年女性，她们渴望拥有一副健康而永葆青春的身体。因此，对于欣赏者来说，应该如何欣赏和享受健美操的美？对于健美操的创编者、舞台设计人员以及运动员、表演者来说，应该如何创造和实现健美操的美？

1. 健美操的审美标准

（1）"健康就是美"是健美操审美的主旨。当今人类对于健康的要求，可以说比以往的任何一个时代都要高。健美操正是为了顺应人们对身体健康、心理健康的需求，而诞生并发展出来的一种以"美"为特征的体育项目。因此，对健美操的观赏者来说，应该以表演者展现出来的身体和心理之美为审美主旨。具体表现在以下两点：

一方面，它的动作风格舒展大方，刚劲有力，协调性高，而且它的连接流畅、造型健美，可以将人们的身体素质、健美的形象以及充满活力的精神风貌表现出来。

另一方面，与其他舞蹈一样，健美操的整体动作设计也具有特定的意识形态，这就对其所表达的思想情感提出了更高的要求。要传递积极、健康、向上的精神，符合时代的发展。通过运动员的神情、动作等，打动观众，引起共鸣，表达出他们对参与这项运动的渴望。这样的健美操，可以使人感受到青春的欢乐与热情，激发出对生命的热爱，对知识的追求，使人充满活力和斗志。

（2）动作和队形编排的创新性是健美操审美的核心。创造性是健美操不断发展的活力之源，也是其美学本质所在。因此，在健美操的编排上要有创意，整套动作要有亮点；选曲要适当，节拍要多变，要有个性，要有热情；与此同时，整套动作的力度要适度，运动语言要丰富，过渡和衔接要顺畅，对场地和空间的利用要足够。在团体项目中，需要有队形的变化和动力性身体的配合。

（3）表演者丰富多彩、新颖、独特的动作展示是健美操审美的关键。健美操最突出的特征就是动作美，它是在时间的展开方式上，打破静态美的框架，使美的形态不断翻新，从而让人以探求、追寻、跟踪的方式，不断接近、捕捉它。表演者的每一个动作都要做到完美无瑕，独树一帜，并尽量不做重复的动作。在此基础上，应尽可能地增加表演者的技术水平，加大动作难度，并使衔接动作自然顺畅。动作位置高低的变化、速度的变化、层次的变化、幅度的变化，让人产生并感受到惊险、意外、刺激的情绪美。

（4）适宜的装扮是健美操审美必不可少的条件。健美操是一种具有艺术性的表演体育活动，表演者妆容得体，服装得体，配饰灵气，能极大地提高观众的观赏度。所以，表演者服装的得体与否，对整个健美操运动的美学效果有很大的影响。在体育比赛中，竞技健美操的服装除了要遵守国际健美操的有关规定之外，还要根据比赛场地、运动员的体型、肤色等因素，选用适当的、美观的服饰。

2. 创造与实现健美操美的基本要求

对健美操的美进行创造和实现，这是一个系统工程，除了要遵守上述各个方面的审美原则和技术要求以外，健美操的创编者、表演者和舞台设计者还应该遵守如下几个基本要求。

（1）创编者

①要善于抓住时代的主旋律，让创作的体裁和风格与时代同步。艺术从生活中产生，为生活而服务，它的目标是表现一个时代的题材。作为一名健美操的创编者，应当对当前的时代话题进行深入的剖析，并从中找出当前社会所提倡的那些观念和行为。什么是社会所提倡的精神？人类追求美丽的方式有什么特点？这其实就是确定健美操所反映内容的思想性。只有将其掌握，并将其与创造相结合，让所创造的整套动作与时代的题材相契合，满足大众的美学需要，才能获得大众的认同，从而达到推广健美操之美的目的。

②在创编动作的时候，要注意掌握各种对象的美学需求。由于年龄、性别、文化程度、职业的差异，人们的美学需求也存在差异。创编者应注意到这种差异性，以适应各种客体对美的需要，而这种差异性正体现了客体之间不同，也只有考虑这种差异性，才能使健美操呈现出各种形式的美。

③动作的设计风格、音乐选择、难度要考虑服务人群的年龄与性别特征。根据参与健美操运动的动机，将健美操划分为竞技健美操、表演健美操和健身健美操三种类型。竞技健美操以青年男女为主，利用体育运动中的竞争机制，以赢得竞赛胜利为目标，以"难""新""美"为制胜要素；表演健美操是通过艺术表演以满足人们的特定审美需求为目标，主要以表演的"艺术性"来展示人的身心之美；而健身健美操的目的就是要经过训练，让自己的身体变得更强壮，从而可以塑造出一个人体美的形象。它并不要求有多大的难度，而是着重于训练的结果，所以这一种类型的运动在任何年龄阶段都可以使用。基于以上分析，当创编者在进行动作样式的设计时，应该按照不同类型的健美操以及练习者的年龄和性别来选择音乐，进行难度的设置，并合理地设置负荷强度，从而使人们能够参与到不同类型的健美操中来。因此，竞技健美操是一项具有竞争性质的运动，它有一定的比赛规则和计分方法，它的编排必须具有一定难度、连续复杂、高强度的动作；表演健美操的编排应注意其艺术性；健身健美操运动项目的设计与编排应坚持全面发展身体、符合对象特点、安全无损伤和健身趣味性等

基本要求。

(2) 表演者

①表演时，注重"形"美与"神"美的高度统一。健美操是一种以艺术表现为主要内容的运动项目，与散文一样，高度注重"形"和"神"的有机结合，具有很强的审美价值。所谓健美操之"形"，就是表演者身体外在的美，即表演者强健而匀称的身体以及身体姿态、动作等对其身体展现之美；"神"美是将健美操"形"美中的内在美、气质美、抽象美等浓缩并糅合其中，是由表演者在音乐的伴奏下，将其思想内涵和对健身美的领悟表现出来，与表演者的个性魅力和精神境界结合，综合呈现的一种美。一切的美丽，都要经过演员的表演才能体现。所以，对于表演者来说，要加强训练，使其技术娴熟、外形美观，从而使其真正体现出"形"之美；同时，还要深刻理解其中所蕴含的意蕴，让自己表现出来的情绪与创作者的本意高度贴合，达到"神"之美，最终达到"形"与"神"两种美的高度统一，使整个健美操富有美感。

②注重与观众的情感交流与互动。"情感的交流、相互的理解"是传达美的最好途径。当今任何一种艺术表演项目，表演者都十分注重与观众的交流，而交流的方式就是与观众互动。它不仅可以营造出一种和谐的氛围，而且可以作为一种艺术形式，与观众进行交流思想，传播美的有效途径。"眼睛是心灵的窗口"。所以，在健美操运动中，要注重与观众的目光交流，要擅长用肢体语言来传达自己的想法。做到这一点的最高境界就是，健美操的表演者能激发观众与他一起，随着音乐节奏欢呼、呐喊、舞动。这不仅是竞技健美操运动员在竞赛中获得高分的重要因素，而且是健美操表演成功的显著特征。

③动作表演雅而不俗、激情而不放荡。如前面所说，健美操最突出的特征就是动感、热情，充满了无限的生命力，这些都是它深受人们欢迎的主要因素。特别是竞技性和表演性的健美操，能够更好地展现现代年轻人的张扬个性。恰当的肢体语言表现出了现代社会的生机与活力。但凡事都要有一个"度"，如果太过夸张，忽略了技巧，只会让人失去美感，对整个比赛的获胜或表演的成功产生负面的影响。身为健美操运动员或表演者，要用自己优雅的气质、熟练的技术、舒展的身体来赢得观众的喝彩，将健美操的美充分展示给观众。

(3) 舞台设计者

①舞台主题设计应反映比赛或表演的主题。一般情况下，每次健美操比赛都会有特定的主题，而且不同类型的比赛所强调的主题也不相同。因此，作为健美操比赛或表演的物质载体——舞台，它的设计同样应突出比赛的主题。作为舞台设计者，必须根据比赛的主题来确定舞台设计的内容，从而达到为比赛主题服务的目的。

②舞台设计应符合健美操比赛场地的规则要求。在正式的竞技健美操比赛中，比赛规则对比赛场地有明确的要求。规则规定：健美操比赛场地的面积为 $7 \times 7 \text{ m}^2$。（六人操场地的面积为 $10 \times 10 \text{ m}^2$），赛台的高度为 100 cm～150 cm，后面有背景遮挡，赛

台的面积不得小于 $9\times 9\ m^2$，并清楚地标出 $7\times 7\ m^2$ 的比赛场地，标记带为 5 cm 宽的红色带，标记带包括在 7 m 宽的场地内，也就是说，标记带是场地的一部分。在设计正式的健美操比赛场地时，要严格按照比赛规则的要求进行设计。

③舞台的色彩搭配、装饰风格应综合考虑季节特点、比赛或表演的场所。这其实是对第一个问题的扩展。除了比赛的主题之外，舞台设计者还要针对不同的季节，不同比赛或演出场地，进行色彩搭配，有特色的装饰风格，以及日夜照明的设计。例如，在杭州西湖举办的健美操大赛，其舞台的布置就体现出春季的朝气与生机，同时体现出比赛地点——西湖的优美景色。

第四节 "寓乐于体"教育思想

一、提出"寓乐于体"教育思想的背景分析

（一）新课程标准改革的必然要求

为了响应新课程标准改革的号召，体育教师要不断更新教学理念。在教授基础体育技巧的同时，应使学生在感兴趣的情况下，积极参加体育活动，从而使他们的身体和精神得到全面的发展。在实践中，体育教师应以学生的需要为基本起点，把握各种教学机会，充分调动学生对运动的积极性，让学生从原本的被动学习转变为积极主动地思考，进行独立的活动，进行自我管理，与此同时，还可以让学生在心理上得到愉悦的体验。体育教师还应该充分发掘自己的潜力，真正做到教学相长。

在新课程改革背景下，体育教学要充分发挥教师的主导作用，要设计多样化的教学模式，创造教学情境，营造宽松的课堂气氛。在进行教育的时候，体育教师要扮演好导演和演员的角色，并对学生进行相应的指导，让教师与学生、学生与学生之间在课堂上进行更多的互动，让学生可以更好地融入体育的整个过程中，从而达到促进学生体质的全面发展的目的。

在教学实践中，体育教师要重视学生的主动学习和探究学习的主体地位，从而使学生得到更好的发展。同时，在教学过程中，体育教师要充分调动自己的主观能动性，做好学生的表率。

（二）"乐学"成为主旋律

新课程标准把"激发学生运动兴趣，培养学生终身体育的意识"作为体育教学的

基本理念之一。研究表明，通过对教学目标的可及性、教学活动的主体性、教学评价的激励性以及教学管理的艺术性等四个方面的工作，能够充分发挥学生的学习热情，从而提升他们的学习效率，激发他们的潜力，使教学效果得到最大程度的优化。

1. 教学目标的可及性

何为教学目标的可及性？简单来说，就是根据学生的体质和体育运动项目的特性，给学生设定一个可以让其通过努力就能完成的任务。就拿"引体向上"来说，教师可以根据实际情况制订标准，其最后的结果就是让全体学生达到自己的学习目标，从而增强他们对运动的信心，提高他们对运动的兴趣。

国外有关学者认为，成功的快乐是一种巨大的情绪力量，它可以促进学生好好学习的愿望，同时成功感也是激发学生兴趣的催化剂。实践证明，如果我们设定能够让学生经过努力就能达到的体育目标，将会大大地激发学生对体育的兴趣，并给他们带来一种自信的感觉，从而也会调动他们对体育的热情和主动性。

2. 教学活动的主体性

在体育教学中，重视学生的主体地位，是实现教师主导地位的前提，也是实现学生乐学的重要保障。在课堂上，教师要以学生的真实需要为出发点，并且要与教学的具体内容相联系，从而设计出与学生的身体和心理特征以及认知规律相一致的教学环节，注重学生的主体地位，这样才能让他们在课堂上更好地发挥自己的作用，从而提高教学效率。

3. 教学评价的激励性

教学评价的最终目的是为学生正确认知自己提供一个科学的评判标准，使他们能够认识到自己的优势和不足，从而不断提高自己，达到教育目标。新课程标准改变了体育教学的评价重心，从过去对学生学习成果的关注转向了对学生体验、探究和努力的关注，因此，我们要充分发挥体育教学评价的激励作用。

4. 教学管理的艺术性

仅仅以爱心来经营自己的教育是远远不够的，更需要学会管理的艺术。由于体育课的机动灵活、随机性强等特点，使得体育课中存在着不可避免的矛盾与冲突。如何对待这种矛盾和冲突才算得上是明智的行为呢？这就要求体育教师要艺术化地管理体育教学。当发生一些矛盾和冲突时，体育教师能够很好地化解，使体育课的氛围回归到常态。一个好的课堂氛围能使学生产生愉快的情绪和强烈的兴趣，从而提高他们的学习积极性，使他们的身心得到和谐发展。

（三）学生人本回归的有效途径

体育运动就是一种"游戏"，它以肢体的形式玩味着某种精神上的自由。因此，体育运动的主体既不是运动员，也不是观赏者，更不是比赛的结果，而是体育运动的"意义"。只有当运动员和观赏者都认真地投入到这一"意义"中去，并与之融为一体，体育运动才能显示出自身的存在，运动员才能进入一种本真的游戏状态，达到一种"物我两忘"的审美境界，运动文化的美才能得以实现。

国外有关学者认为，游戏竞赛的精神，作为一种社交活动，比文化本身还要古老……我们不能不得出这样的结论：处于最初阶段的文明乃是被游戏出来的。游戏给人带来的愉悦、自由、公正、体验、和谐，这些都让游戏充满了魅力。

1. 愉悦

愉悦是游戏的初衷。国外有关学者认为，游戏的基调是狂喜与热情，并且是与那种场景相协调的神圣或喜庆式的。一种兴奋和紧张的感觉伴随着行动，随之而来的是欢乐与轻松。有的学者认为，人们喜欢游戏主要的原因是它的精神色彩和浪漫主义。还有学者认为，人的活动主要受快乐原则的驱使，游戏能最大限度地满足人快乐本能的需求。由此可见，游戏可以给人带来身心上的愉悦，最大限度地将自己的情绪以一种最轻松、最无拘无束的方式释放出来。

2. 自由

有的学者认为，只有当"心灵"的巨流冲破了宇宙的绝对专制主义时，游戏才变得可能，变得可以考虑和理解。有的学者认为，自由和游戏显然是一对双生姊妹。这说明，游戏和自由是紧密联系在一起的，离不开任何一方而单独存在。没有自由，就没有游戏。国外有关学者对艺术与游戏之间的联系进行论述时，认为艺术的精髓在于自由，而自由也是游戏的灵魂，正是自由，使艺术与游戏连在了一起。也有学者将游戏理解为与"自由活动"同义而与"强迫"相对立的概念。

在我国，庄子的《逍遥游》以极富散文色彩的笔调，阐述了他自由的哲学思想。庄子主张，"游"是最好的生存方式，而求"游"之道则是"逍遥"。所谓"逍遥"，就是"逍遥于天地之间而心意自得"。庄子认为，人应当寻求一种精神上的绝对自由，这种自由是人类生存的理想境界，而一切依赖于客观条件（有待）的自由并不是真的自由，唯有完全脱离这些条件的限制（无待），才是真正的绝对自由。一般人是无法达到"逍遥游"的，就是因为他们对自己的生活有着自己的要求，对于自己的荣华富贵，对自己的名声和财富，都是非常看重的，因此，"若夫乘天地之正，而御六气之辩，以游无穷者，彼且恶乎待哉！故曰，至人无己，神人无功，圣人无名。"即要做到"无待"，必须做到"无己""无功""无名"。我国的游戏观受到了庄子"逍遥游"的深刻影响。

3. 规则

当然，虽然游戏提倡自由，但世界上的一切都是有限度的，不可能无拘无束。游戏也是如此，它的自由是在规则限定范围内的自由。因为只有规则，才能确保游戏的顺利进行。规则对自由是一种保护，是自由的护身符。国外有关学者认为，所有的游戏都有其规则。它创造秩序，它就是秩序。游戏要求的秩序完全超然，哪怕有微小的偏离都会"败兴"，剥去游戏的特点并使之无趣乏味。

游戏的规则分为两种：一种是内隐的；一种是外显的。内隐的规则主要指的是隐藏在游戏表象下的规则，是必须服从的游戏要求。正如国外有关学者所说的那样："游戏的规则并不一定很清楚，人们可以在语言游戏中学习规则，甚至是盲目地遵守规则，让我们来想一下，都在哪些情况下我们会说一个游戏是根据一个特定的规则进行的。规则可以是教人玩游戏的一种辅助，学生被告知规则，练习应用这个规则，或者说它是游戏本身的一种工具，规则既不用于教人，也不用于游戏自身，而且也不列在一张规则表上，我们可以通过看别人玩一种游戏学会它。但我们说，这些游戏是按照某些规则进行的，因为旁观者能够从实际进行着的游戏看出这些规则，就像游戏所服从的一项自然法则。"

外显的规则，顾名思义，就是外表上大家都能看到并需要遵循的规则，往往外显的规则在比赛之前就已经被明确地设定好了，其最显著的特征就是直观的感受。当然，在游戏中自由与规则是不冲突的。自由和规则都是由游戏者通过共同协商，以双方对游戏内容的理解为依据而形成的。游戏的规则是一种由游戏者们心甘情愿地接受并自觉地遵守的一种自我约束，它的目标是对游戏行为进行协调和判断，以确保游戏能够公平、顺利地进行。在一定程度上，这些外显的规则具有一定的可变性，能够随着游戏行为的变化而进行修正，使得游戏规则始终处在一个动态变化的过程中。

4. 体验

有参与者参加，这个游戏才真正的游戏，游戏的最终目标就是让游戏者在游戏的过程中体会到乐趣。游戏者在游戏中获得的真实感受才是最真实的存在。在进行游戏时，游戏者可以随心所欲地沉浸在这个游戏的世界里。国外有关专家曾做过一项调查，他发现人在进行游戏时，会有一种特殊的体验，注意力会高度集中，经常会迸发出比以前更强的创造力，使他们的身体和精神都得到了很大的满足。他的想法与另一学者的"高峰体验"有着惊人的一致。即在自我实现中，几乎每一个人都会经历一种神秘的体验，这种体验可能是瞬间产生的、压倒一切的敬畏情绪，也可能是专注在那一刻，自我、现实……一切的一切都远远地遁去了，全身充溢着转瞬即逝的极度强烈的幸福感，甚至是欣喜若狂、如痴如醉、欢乐至极的感觉。

5. 和谐

游戏活动是由人的生理、心理和社会性等要素共同参与的一种活动。总之，游戏是生命的一种存在状态，是使身心无拘无束的一种自由状态。游戏是指向生命个体的，每一个人都可以根据自己的个性和喜好，从事不同的游戏。一个拥有游戏意识的生命个体，可以随时随地将自己的任何活动都变成游戏。不追求外在的功利，只为游戏而游戏，体验到游戏的乐趣。玩游戏的人之所以快乐，是因为他们超越了物欲和琐事的束缚，玩游戏的心态也是对自身的一种超脱。

二、实施"寓乐于体"教育思想的意义分析

（一）体育游戏与身体健康

身体的健康包含人体各部位或器官的发育与功能的完善，包含着身体的形态、功能以及智力等方面的健康。人体的形态健康是指人体的身体结构、肢体比例、身体姿态等都具有较好的发展指标。简单来说，就是要有一个健美的身材。身体的功能健康表现为基本活动能力的健康，以及从事体育运动所需要的能力的完善，具体包括速度、力量、耐力、柔韧性、灵敏性、协调性、平衡性和反应能力等方面。智力指的是人类对客观世界的感知，对信息的获取、整理和加工，以及基于感知而产生的记忆、思考和想象力。智力的健康主要表现在思维敏捷，头脑灵活，有较好的学习能力和分析判断能力。

身体上的健康是建立人的全面发展的物质条件，而心理上的健康是建立人的全面发展的精神条件。在运动活动中，人的身体形态、机能和智力水平都会有不同程度的提高。

与其他体育活动相同，体育游戏也是以身体运动的方式进行的，而且在其内容和形式上都是事先设定好的，所以，它也具备了其他体育活动所具备的健身功能。而且，因为体育游戏是一种综合性很强的体育手段，所以体育游戏具有较为全面的锻炼效果。人们参与体育游戏通常是出于一种自发的心理，以获得乐趣为目的。积极主动的行为使人们的主观能动性得到最大程度的发挥，从而在体育游戏中获得较好的健身结果，具有其他运动方法无法替代的优势。

1. 体育游戏与身体形态和功能的发展

体育游戏具有丰富的内容和表现方式，它能够利用多种方式推动青少年的成长，对他们的身体进行良好的训练，对他们的基本活动能力进行发展，从而提升他们的身体素质，使他们的身体得到全方位的发展，进而使他们的体质得到加强。

(1) 体育游戏与身体形态的健康

一个好的身体形态不但是一个人身体发育完善的标志，而且是一个人美的象征。体形良好的人一般都可以拥有一种健康的、自信的心理，这种心理会给人的生活带来很多正面的影响。例如，"金鸡独立""膝顶下巴""背后握手"等站姿游戏；"跪姿头碰地""'V'字平衡""左坐右坐"等坐姿游戏以及"小摇车"卧姿游戏，都能够让身体的肌肉、韧带得到伸展，让身体的柔韧性和平衡性得到提升，同时还能够让局部的肌肉变得更加强壮，达到塑造良好身体形态的目的。

(2) 体育游戏与身体功能的健康

人的基本活动能力包括走、跑、跳、投、攀登、搬运等。体育游戏在培养人的基本活动能力方面有重要作用，特别是对少年儿童来说，具有很大的发展潜力。

学校体育游戏常与田径、体操、球类等项目紧密相连，经常采用一些学生比较熟悉和掌握的技术动作，如田径中的"迎面接力赛""垒球投准"，体操中的"前滚翻接力""双杠支撑前移接力"，以及篮球中的"运球接力赛""投篮赛"等。一方面，它可以极大地扩大体育游戏的容量，丰富游戏内容；另一方面，它可以通过游戏测试学生对各种基本运动技巧的掌握程度。这种形式能够让学生"在乐中学，在学中乐"，不仅巩固了已学的运动技术，而且持续改善和提高了各种体育活动能力。由此可见，体育游戏是使人们逐步提高技术水平，健康发展的一种可行的、科学的、行之有效的方法。

2. 体育游戏与启发智慧

体育游戏既能够完善人的身体形态机能，提高人基础的运动技能，又对人类智力发展具有重要意义。

据调查，人体内的脑细胞数目和其刚出生时一样，都是固定不变的，但大脑的重量却在不断地增长，从一开始的 400 克，成长为成年后可能增加 3~4 倍。一个 6 岁的儿童，其脑部的重量就相当于一个成年人的 90%。人的大脑在 2 岁时就会发展出与性格相关的那部分；在 6 岁的时候，开始铺设思维的基础；到了 10 岁，可略见将来的精神成长。在这三个时期，正确地调节大脑的结构，才能更好地发展出有高度思维能力、智力发达的儿童。由此可见，一个人的智力，除了遗传之外，很大程度上取决于后天的培养（尤其是早期教育）。所以，儿童的智力发展应该从早期开始。体育游戏对儿童的早期智力发育起到了积极的推动作用。在幼儿时期，应该多使用一些简单的游戏开发孩子的基本活动能力，比如爬、走、跑、模仿、协调等。例如，"小兔跳"可以提高模仿力，"渡臀"可以提高协调性，"围圈跑"可以提高平衡力，"向后绕足走"可以提高灵活性，等等。这些丰富多彩的儿童游戏，需要儿童的大脑和躯体并用，一边思考一边做，在提高他们的身体活动能力的同时，还可以让他们充分发挥大脑的潜能，用自己的双眼对周围的事物进行观察，从而对周围的世界有更多的认识。因此，在儿童智力发育的关键时期，体育游戏不仅能训练儿童身体的敏捷性，而且能训练儿童头脑的灵活性。

在现实生活中，许多体育游戏都多少带有一些智力考验的成分。例如，"反口令行动""低头看天""抓手指""扶棒"等，都要求游戏参与者具有灵活的应对视觉、运动感觉的敏感性，以及对时空的判别，使其能够迅速、精确地完成游戏。另外，体育游戏往往是以对抗、竞赛的形式进行的。像"冲过封锁线""攻城""齐心协力"等，都要求参加者主动思考策略的安排，并进行战术配合。研究个体或团体在比赛中，怎样在规则允许的范围内，采取最优的执行策略，选取最有效率的行动来击败对方，以达到赢得比赛的目的。战略、战术的研究与应用，既是一场体力的比拼，又是一场智力的较量，而这一切都需要人们开动脑筋，启发思维。体育游戏的情况与环境是千变万化的，其所涉及的知识是非常丰富的。因此，体育游戏可以培养人的敏捷、快速的判断能力，并且可以提高人的记忆力。这必然会对人的智力水平的提升产生很大的积极影响。

（二）体育游戏与健康心理的形成

1. 体育游戏有助于消除或减缓不良的学习情绪

情绪状态是衡量一个人心理健康状况的一个重要指标。人们生活在一个错综复杂的社会环境中，常常会产生一些消极的情绪，如悲伤、抑郁、焦虑和紧张等。

体育游戏的最基本特点是"趣味性"。游戏的新奇、刺激、激烈、紧张等能给参加者带来愉悦的情感体验。甚至像是"老鹰捉小鸡""两人三足""打鸭子"等传统游戏，人们也常常对此津津乐道，乐此不疲。在游戏过程中，人们从现实生活中的忧愁和烦恼解脱出来。此外，游戏中取得的胜利，也能给人带来自豪感，增强自尊心和自信心，以及在精神上获得自我价值实现的满足。因此，参与体育游戏能转移个体的不良情绪与行为，使其摆脱烦恼与痛苦，获得成就感与愉悦体验。

2. 体育游戏有利于确立自我概念

自我概念指的是一个人对自己的身体、思想和情感等的一种总体的评估，是一种包含了"我是什么人""我主张什么""我喜欢什么""我不喜欢什么"等诸多自我知识的集合体。

青少年要注意自己的外形、姿态，随着年龄的增长，对健美体型的要求也日益增长。体型较差的青少年，在对自己身体表象（身体表象是指头脑中形成的身体图像）的认识时，往往伴随着不满意、失望感甚至自卑感，从而影响到他们的自我概念的确立。从体育游戏对人的身体健康产生的作用可以看出，定期参与体育游戏对形成良好身体姿态有利，对人们尤其是青少年，改善及正确形成自身的身体表象，能够从身心两方面帮助他们消除内心的障碍，在人格层面上得到自尊和自信，进而达到接纳自我的目的。

每个人都乐于展示自己的才能，让他人认识到自己的优点，进而获得他人的称赞和尊敬。体育游戏为那些想要展现自我的人提供了一个全新的"舞台"。人们可以从日常工作和学习的压力和困扰中解脱出来，在激烈而愉悦的竞体育游戏中，很自然地展现出自己的体力、技能和智慧（这些技能中的一些能力经常是我们在平常无法展现和发现的）。在体育游戏中，个体的表现欲望和求胜的心理，以及获得赞扬和肯定的愿望能够得到满足，进而在体育游戏中获得自信、自尊和自我概念。

3. 体育游戏能培养坚忍的意志品质

意志品质是指一个人具有果断性、柔韧性、自制力，以及勇敢顽强和独立自主等精神。一个人的意志品质不仅是通过战胜困难而显现的，而且是在战胜困难的过程中培养起来的。

体育游戏具有多样的情境和组织方式，尤其是在一些战胜障碍的游戏中，如体操中的"跳杠追赶""荡越河沟"、田径中的"障碍跑"，足球中的"抢传球"等，都需要参加者在运动过程中不断地克服各种客观（难度、障碍等）和主观（胆怯、畏惧、害怕等）的障碍，并在此过程中锻炼参加者的意志力。体育游戏因其趣味性、竞争性、合作性的特征，使其成为锻炼人意志力的手段，并取得良好的结果。受有趣的游戏内容所吸引，争胜之心所驱动，再加上同伴们的支持和鼓励，不管是外在的环境还是内在的磨炼，都会让个人更有能力去战胜自己的困境和阻碍，也更有可能培养出坚强的意志力。如果能把在体育游戏中养成的意志力转移到平时的学习和生活上，就能为建立和维持良好的心态打下坚实的基础。

4. 体育游戏有助于人际交往和沟通

在进行体育游戏的过程中，一方面，通过互相接触、合作和竞争等方式，学生可以进行更广泛、更频繁的交流，从而构成一个小型社会；另一方面，学生之间可以做到相互包容、尊重信任、团结友爱、鼓励扶持，从而建立起良好的人际关系。同时，由于人们受到游戏的需要和规则的约束，他们处于一种比较平衡性的状态，这也为他们创造了一个很好的人际交往环境。

5. 体育游戏有助于学生探索精神与创造性的培养

体育游戏为学生搭建了一个自主探究的舞台，有助于他们深入发掘自己的探究精神，调动他们的创造积极性。比如，在具体的教学实践中，体育教师可以为学生创造想象和思考的空间，让他们想方设法地解决问题，这既是创造力的一种体现，也是体育教学尤其可贵的一点，有助于为将来的社会发展提供所需的栋梁之才。

当今时代，培养人的创新能力，是提高人探索精神的重要途径。这就对体育教师提出了更高的需求，他们已经不只是简单地向学生传授一些基础的体育运动技巧，还要教会学生如何去学习，唯有如此，才可以使他们成长为能够满足社会发展需要的优秀人才。学会学习和生存的一个重要方面就是学会发现和创造。那么，怎样才能提高学生的创新能力？这是当前教育领域中一个迫切需要研究和解决的问题。许多研究表明，体育游戏对促进学生创新能力和探索精神的发展具有重要作用。

（三）体育游戏对个体社会化的积极作用

1. 体育游戏可以规范道德行为方式，促进价值观内化，培养竞争合作意识

体育游戏是一种规则游戏。游戏规则绝对不是由游戏制定者随意制定出来的，而是必须以公平和道德判断为依据的，它必须与多数民族认可的伦理准则和共同的特点相吻合。因此，在消除偏见、克服狭隘、实现对话、互动沟通和规范行为等许多方面，都可以获得比较高的一致性，特别是在对个体道德的潜在影响上，具有十分明显的作用。在教学中，通过遵守游戏规则，可以使学生养成良好的行为习惯。只有对游戏的规则了如指掌，学生才可以培养出一种遵循规则的好习惯，领悟到社会准则的含义和价值，从而约束自己的社会言行，提升自己的社会道德素质。由此可以看出，在某种意义上，学生对体育游戏规则的遵守与秉持，能够对他们在实际生活中的行为规范产生一定的影响。所以，我们要重视并充分利用体育游戏对道德行为进行塑造和培养的价值。

2. 体育游戏可以满足合群需求，促进人际交往，完善个性特征

体育游戏以群体性活动为主体。游戏群体是学生在家庭以外所接触的一个非常重要的初级群体，是他们进行人际交往、社会互动以及借以学习生活知识和技能并获得人格发展最重要的社会群体之一。通过参与体育游戏，增加沟通与了解，这既可以拓展自己的交友范围，提高自己与其他学生的关系，也有利于拓宽自己的视野，发现另一个世界。同时，通过玩游戏获得的好的情感和经验，可以帮助他们战胜从家庭到进入社会过程中所带来的孤独、焦虑、害怕、内疚和自卑感等负面的心理。在此过程中，他们逐步认识到尊重、理解、谦让、协商、竞争、合作、共处、互助、信任、宽容、忍让、同情、荣誉、责任、和谐、公平、公正、自尊、自重、自爱、自信、自强等优秀品质和健康的个性特征，而这些都是他们适应社会竞争、胜任社会角色的重要因素。

3. 体育游戏可以促进社会角色的体验，形成自我意识，培养社会化品质

在体育游戏活动中，每个学生都会扮演一定的角色，这些角色看上去很是虚幻，仿佛只是在游戏中才会出现，但实际上，有时也是对现实生活中一些角色的模拟。在游戏过程中，学生利用自己所扮演的各种角色，可以帮助他们形成一个能够站在他人的视角上来观察问题的良好习惯，可以帮助他们填补自己对社会中不同角色的心理承受和想象空间，帮助他们建立起自己的角色认同，进而可以更好地接受社会、适应社会。在社会角色体验过程中，为了让别人能够明白自己的表演和行动的真正意义，人们就需要遵守一定的角色标准，并按照其所需要的社会行为方式，做出与之对应的行动，这不仅是角色扮演的先决条件，而且是让角色成功融入社会的一种保障。这样的经历对于他们进入社会之后，顺利地完成他们所承担的各种角色的职责有着非常大的帮助，与此同时，他们的社会适应能力和人格品质也能在这个过程中获得很大的提高。

（四）体育游戏的艺术价值

艺术是从游戏中诞生的。"仪式产生于神圣的游戏，诗歌诞生于游戏并繁荣于游戏，音乐和舞蹈则是纯粹的游戏。"体育游戏是游戏中一种重要的表达方式。体育游戏在某种程度上也是具有一定艺术性的。

1. 体育游戏像艺术一样，把所欣赏的意象加以客观化，使它成为具体的情境

游戏意象最初是一种心理状态在外部世界中反射出的影子，并将其转化为一种具体的情境，人们在这种具体情境中寻求着种种需求的实现。比如，儿童骑马游戏的出现，就是儿童心理在外界的投影，通过这种投影，满足儿童想骑真正马匹的愿望。

2. 体育游戏像艺术一样，带有移情作用，把死板的物质看成活跃的生灵

学生长大成人，面对枯燥乏味的学习和工作，常常会想起儿时的日子，那时候，游戏是天真的，每一个小伙伴都沉浸在自己美丽的世界中。虽然现实中的情况并不好，但是在玩这个游戏的过程中，他们所表现出来的那种无忧无虑的态度，却让每个孩子仿佛看到了世界的美好。游戏不但能为学生带来物质上的享受，而且能为他们带来心灵上的快乐。

3. 体育游戏像艺术一样，是用现实世界之外的另一个理想世界来安慰情感

体育游戏的作用是使人类从现实的生活中解脱出来，体验到运动的乐趣。因此，在人们闲散时，对体育游戏的需求是最大的，在这种情况下，体育游戏就成为一种被艺术处理过的活动。

第三章　高校体育教学模式改革

第一节　体育教学模式的基本理论

在信息化技术不断发展的情况下，网络信息化的教学模式已经对我国的教育行业产生了直接的影响，为了能够更加有效地与教学环境的实时变化相匹配，各大高校正在逐步对传统的教学模式进行改变。近年来，高校体育教学模式也出现了一些变化，然而，在传统的教育理念的作用下，高校体育教学仍需进行不断的创新和改革，以更好地适应现代教育的需求。因此，进行高校体育教学的改革，使高校体育教学的层次和质量得到整体的提升，已成为一种必然。

一、高校体育教学模式的误区

（一）认知阶段误区

国外一些先进的体育教学模式具有很强的吸引力、新颖性和可操作性。我国高校在引进的时候，并没有对其中有关思想进行深层次的考证，仅仅是为引进而引进，效仿他们的教育方式，而忽视了对相关理念的吸收。然而，一个没有先进思想的体育教学模式，也很难在较长的一段时间内保持一个正常的运转状态。

（二）选择阶段误区

1. 规律误区

科学地选择体育教学模式，必须遵循有关的教育原则。首先，学校在进行体育教学模式的设置时，必须清楚地规定这个教学模式不仅要与其他普通学科的认知规律一致，而且要与运动技能形成规律、运动负荷规律等体育学科自身的特殊规律相一致；其次，高校在进行体育教学的过程中，要注意符合学生的特点和认知规律，适应学生的发展。

2. 构成误区

任何教学模式都包含四大部分，即教育理论、教学过程、教学方法、教学条件。在高校科学合理地选择体育教学模式的时候，要综合考虑各个组成部分，不同的模式都有与之相对应的理论、过程、体系和条件，不能将它们混为一谈。

3. 要素误区

高校体育教学模式的选择，必须明确它与其他教学要素之间的密切关系，如计划、目标、内容、结构、方法、教师、学生、评价等。只有与其他教学要素及相关标准要求相匹配，才能顺利地将教学模式引入教学过程中，从而产生更好的实用价值。

（三）实施阶段误区

1. 操作误区

在进行体育教学模式的实践时，不能盲目地追求全部，假如全面地涉及到教师、学生、设施设备等各方面，就可能导致主体不明确，很难找到关键问题。因此，高校应该先在小区域内进行试验，之后再建立可行有效的相关机制，并结合实际情况对其进一步完善，最终实现大规模的推广。

2. 管理误区

要想成功地实施体育教学模式，还需要政府、教育部门、学校等部门相互配合、共同管理。任何一个方面或一个环节出了问题，都会直接地影响到体育教学模式的执行，严重时还可能会中途中止，使整个项目难以完成。

3. 评价误区

在试行新型体育教学模式一段时期以后，高校应该注重对其实施过程展开全面评估，也就是对领导、教师、学生、家长等进行全方位的评估，如果发现存在问题，要及时制订出行之有效的对策来解决。与此同时，高校要对教学过程和教学效果进行关注，最大限度地避免各种衍生问题的产生，为教学模式的成功实施提供保障。

二、高校体育教学模式现状分析

（一）指导思想

在教学模式中，教学指导思想是非常重要的，传统的高校体育教学指导思想主要以技能教育和素质教育为中心，而近些年来，很多高校都结合自己的实际，改变了自己的教育理念，以培养终身体育为体育教学的指导思想。但也存在着一些体育教师对教育指导思想理解不够透彻、跟不上时代发展的问题，这就要求高校加强对教育指导思想的深入研究，从而全面提升其对教学的综合认识。

（二）教学大纲

教学大纲对高校体育教学的有序发展有着直接的影响，它在某种程度上起到了拓展体育教学空间的作用，并在明确体育教学模式的总趋势和总方向上起着关键的指导作用。目前，大部分高等院校的体育教学时间设置较为合理。很多高校在符合国家相关规定的基础上，根据本校学生的特点和地域差异，对体育教学制订了科学的计划和布局。

（三）教学条件

教学条件，是指教学环境、场地设施和教学器材等，它是进行教学活动所必需的，也是顺利进行体育教学的基本前提。其一，当前高校体育教学的场地设施配备不够完备，有些学校没有建立起现代化的体育场馆，这就造成了学生很难及时地接触新项目。因此，我国部分高校的场馆建设还有待健全，现代化和综合性的体育场馆也迫切需要完善。在当前的体育教学中，学生可以使用操场进行跑步、跳远等常规项目的练习，然而一些专业项目的场地相对缺乏，无法满足学生对多样化运动的需要，从而极大地限制了教师和学生开展体育运动的积极性和主动性。其二，高校体育课器材不够完善。目前，能适应高校体育课要求的设备不多，且种类相对单一，不能适应广大师生多样化的要求。此外，有些学校对运动器材的替换也不是很及时，对教育的效果产生很大的影响。

（四）师资结构

在高校体育教学中，体育教师既是学校体育教学的重要组成部分，又是学校体育教学的组织者和领导者。当前，我国高校体育教师的年龄构成比较合理，但从文化程度上看，大部分都是本科学历教师，与其他学科相比，体育教师的文化程度偏低。为此，高校需要加强对师资的持续培养，或者通过引入高学历、高能力、高水平的教师，提升教师队伍的整体素质。

（五）教学内容

目前，高校体育教学以锻炼学生的体育运动技能和发展体能为重点，而对学生心理素质、安全意识、社交能力等综合素质的培养却不多，在教学内容上也很少关注学生的学习兴趣与健身需求，没有充分发挥出体育教学的应有价值。部分高校几乎很少开设学生感兴趣的健美操和瑜伽等时尚体育运动项目,这主要是由于高校的硬件设施不够健全,没有足够的条件来开展这些课程。

(六)教学方法

高校的体育教学模式大都是以学生的兴趣为基础进行的,大部分院校都是以年级为单位,实行分班教学,有些是以性别来划分的。在教学方式和方法上,有些体育教师仍然采用的是讲解与示范的方式,对学生的感受不够重视,为他们提供的自主练习时间太少,教学过程单一死板,不能将学生的积极性和主动性完全激发出来。另外,由于教师缺乏对新型教学方法的有效引进,对体育教学方式的创新不够,因此很难提高学校的教学效率和质量。

三、现阶段高校体育教学模式的构建

(一)原则

1. 创新课程内容

高校应该遵循精细化和实用化的要求,在教学中增加实践性和应用性的课程,促进学生综合素质的提高。在传统的教育中,对理论和实际操作的训练仅仅体现在课堂教学上,是在学生掌握基本的理论知识后,再进行相应的技术训练。而全程一体化教学模式,则是将技能教学贯穿于整个教学过程,让学生在各阶段都能进行体育学习,从而加深学生的综合技能的培养,提高学生的综合素质。

2. 优化教学内容

高校应该重视提炼学科课程与技能培养的有关内容,并对课程内容的讲授次序进行优化,使得课程内容彼此之间能够相互联系与对照,进而促进学生内化吸收教师所传授的体育知识与技能。

3. 实现全程一体化教学

高校要为学生创造出教学技能训练场所,确保技能培养的持续性,在校内和校外、课内和课外做到全程一体化教学,最大限度地提升师生的综合技术水平。

(二)构建

全程一体化教学模式并不是传统的阶段性技能教学,而是一种系统的、立体的技能培养,它的特点是将技能的培养贯穿在学生的整个大学期间,即以课堂教学为基础,在每个学期的体育课程中进行技能的训练。在每一学期的体育教学中，对相应的运动技能训练项目进行重点安排，并与第二课堂进行有机融合，形成课内外、校内外、教学训练与竞赛强化训练相结合的一体化教学模式，多层次、综合培养教师与学生的体育素养与能力，促进学生及时内化知识并加深技能。

总之，在新的形势下，高校应该激励体育教师投身体育课程教学改革的热情和主动性，在他们出现问题的时候，学校应该向他们提出建议，或者制订相应的措施来帮助他们。尽管最近几年高校的体育教学模式已经出现了一些变化，但是在传统教育观念的作用下，仍需要对其进行进一步的创新和优化，才能更好地适应现代化建设的要求。这就需要高校对体育教学的实质有更深刻的理解，对其任务有更清晰的认识，把握其基本规则，确立身体素质和运动技能教学中的核心地位，以新型体育教学方式为基础，促进其不断创新发展，从而创造出体育教学的新局面和新形势。与此同时，高校要加强对学生的教育，建立全程一体化的教学模式，在这一教学模式中，既要凸显学生的优点，又要对他们的不足进行补充，把技能训练贯穿在整个体育教学过程中，促进学生的全面、综合发展。

第二节 体育教学中典型的教学模式

一、CBE 理论的高校体育教学模式

为了能够切实地提升高校体育的教学质量，推动高校体育教学的深化改革，提高高校体育教学水平，必须逐渐地摒弃传统落后的体育教学模式，强化 CBE 理论在高校体育教学中的运用，并对高校体育教学的模式进行创新。在 CBE 理论的基础上，创新建立高校体育教学模式，指导教师以提高学生的体育运动能力和综合素质为目标，让学生主动地参加体育课堂教学。

（一）CBE 理论概述

CBE 理论，是指能力本位教育理论。这一理论注重对学生能力的培养，在此基础上，建立了人才培养模式，制订出具体的教学计划。CBE 理论的核心是培养学生的职业岗位能力和综合素质。在教学中，学生是核心和主体，要明确教学的具体目标，科学制订能力培养的详细方案，有效保障教学内容的实用性。建设课程资源，合理选择主要教学内容和具体教学方法，制订合理的教学计划，有序安排教学进度，优化教学评价体系，有效增强学生的职业岗位能力和综合素质。

高校体育教学是对学生身体素质、运动技能、综合素质进行全面提高的一项重要工作。要在 CBE 理论的科学指导下，科学构建高校体育教学模式，引导高校学生深入理解和全面掌握体育理论知识、体育运动技能和相关锻炼方法，有效提高高校学生的身体素质。在此基础上，进一步优化体育教学方案与内容，提高学生的职业岗位能力和综合素质。

（二）CBE 理论在高校体育教学中的应用

1. 引导学生熟悉体育学习锻炼环境

在高校体育教学中，实践运用 CBE 理论，要指导学生对体育学习锻炼的环境有一个基本的认识，引导学生对高校体育教学的具体内容、各项体育教学资源和体育锻炼设施等有一个全面的认识。在此基础上，体育教师应加强对学生了解高校体育教学的相关制度和具体规章的教育，使学生对高校体育教学有更深层次的理解。

2. 明确 CBE 理论在高校体育教学中的实施流程

教师和学生应清楚地认识到 CBE 理论在高校体育教学中的实施流程。以此为依据，体育教师要科学地指导学生，合理地制订体育课程的各阶段学习目标、体育锻炼计划，并督促学生严格按照学习目标和体育锻炼计划，有序地进行体育学习和锻炼，确保学生在规定时限内完成体育学习任务。

3. 对学生入学体育水平进行评价

高校体育教师要对学生入学的体育水平进行公平、客观的评估，根据评估的结果引导学生制订体育学习和锻炼的各项计划，并将评估的结果以体育成绩的形式记录在学生的档案中。在此基础上，体育教师要综合高校体育教学的具体情况，增强体育教学设计的可行性。

4. 对学生的体育学习锻炼成绩进行评定

高校体育教师要以 CBE 理论为依据，建立起各种体育评价指标以及相应的要求，并对体育考核的时间进行合理的安排，对学生所做的体育动作展开观察和测定，以此为依据，对学生的体育学习和锻炼结果进行评定，并将结果录入学生档案中。

（三）基于 CBE 理论的高校体育教学模式创新构建策略

1. 对高校体育教学目标进行明确

以 CBE 理论为基础，对高校体育教学模式进行创新构建，对高校体育教学目标进行明确。在高校体育教学中，除了要重视对学生各种体育运动技巧进行训练之外，还应该对体育运动项目所具有的交际作用进行深度挖掘，加强体育课堂教学中学生之间的相互影响，从而推动学生进行体育运动项目的竞争和协作意识，进而可以对他们的竞争精神和合作精神进行提升。比如，一些体育项目的组织化程度比较高，针对这种体育项目，在进行教学时，教师可以设计出一种具有较强互动性和趣味性的体育比赛，将学生分为多个小组，进行小组之间的对抗比赛。在这个过程中，可以有效地强化学生的竞争精神和合作精神，还可以对他们的身体素质和意志体能进行锻炼，在无形中提高他们的人际交往能力，从而加强体育教学课程对他们的职业岗位能力的有效培养。

2. 基于职业能力创造体育教学情境

高校体育教学对CBE理论的应用，要重视"能力本位"的体现，基于职业能力对体育教学情境进行创造。体育教师要对各种体育运动项目的特征和所包含的教育功能进行研究，科学地创造体育教学情境，从而达到对学生职业岗位能力的有效培养。教师要科学地创造出体育教学情境，突出群体的交互性，从而更好地满足学生的体育学习的个体需要，更好地推动体育教学的集体目标。在体育教学的过程中，要把与素质开拓有关的项目融入学生的体育教学中，提高学生的团队精神和职业岗位能力。

3. 培养高校学生的个性化能力和综合素质

基于CBE理论，对高校体育教学模式进行创新构建，要提高学生的个性化能力和综合素质。教师要指导和鼓励学生自主学习各种体育项目，使其自主学习能力得到极大提升，并加强其对CBE理论的理解，在无形中加强其自主学习意识。教师要增强对学生的科学指导，让学生对体育运动项目的学习兴趣和积极性得到充分的发挥，并对其进行多次的训练，从而让他们对自己感兴趣的体育运动项目展开更深层次的学习和不断地进行训练，让他们的个体化体育素质和运动技巧得到更好的提升。与此同时，在体育课堂教学的时候，教师要更加注重对后进生的重视，并为他们设定合理的体育教学目标，让他们对体育运动的学习兴趣和自信心得到充分的发挥，提高整体素质。同时，在体育课堂上，还应注意个体与群体的关系，促使学生在体育课堂上与他人进行互动。

4. 加强体育职业规则和道德教育

体育运动项目具有很强的交际性质。大部分体育运动项目都有相关的规定，在参加这些体育运动项目的时候，学生都会主动地遵守这些规定，这样就可以在不知不觉中提高自己的素质。在CBE理论指导下，对学生进行职业规则和道德教育的加强，使学生的职业能力结构得到了进一步的完善，从而提高学生的综合素质。一般情况下，高校开设的各种运动，都有自己的课程体系，有自己的规定。因此，教师要强化体育项目的有关规定和具体规则对学生的约束作用，指导他们在参加体育运动的时候，进行有序的竞争和高效的协作，帮助他们建立起一种良好的规则观念，并对他们的各种体育活动展开安全、合理的管理。

总之，CBE 理论强调对学生的学习能力的训练。将 CBE 理念运用到高校体育教学中，有利于提高学生的职业岗位能力和综合素质。在高校体育教学中实施应用 CBE 理论，需要对学生进行正确的指导，让学生对自己的学习锻炼环境有一个清晰的认识，明确 CBE 理论在高校的实施流程，对学生的体育学习锻炼的结果进行评价，并以 CBE 理论为基础，强化高校体育教学管理。在 CBE 理论的基础上，要从明确高校体育教学目标，以职业能力为基础创设体育教学情境，培养学生的个性化能力和综合素质，加强体育职业规则和道德教育，采用人性化的体育教学方法方面入手，进行高校体育教学的创新构建。

二、基于人才培养的高校体育教学模式

高校是培养我国优秀体育人才的摇篮，担负着为社会各界输送高素质体育人才的重任。在推进和深化素质教育的过程中，需要高等学校以社会需要为立足点，并与自身的办学情况相联系，适时地对其进行改革，从而更好地培育出更多优秀的体育人才。笔者根据自己的教学经验，对以人才培养为基础的高校体育教学模式改革进行了探讨，希望能对今后高校体育教学有一定的借鉴意义。

（一）培养高校体育人才的必要性

在当前的时代背景下，高校人才培养以服务、生产及建设等多个方面为主，注重学生能力、知识和素质的全面发展，因此，高校人才培养的教学活动和课程设置都必须以应用人才为目标来进行。而体育教学是高校教育教学的一个重要组成部分，对学生身心的健康发展起到了很大的影响，因此，它更多地表现出了明显的实践性及应用性。在这种情况下，高校应该把学校的体育教学与时代的发展联系起来，对高校体育教学进行改革。也就是要打破传统的教育理念，把学生个性需求作为一个切入点，因材施教，将学生的体育潜力充分挖掘出来，从而提高他们的社会适应能力和就业竞争力。

（二）基于人才培养的高校体育教学模式方向选择

首先，目前高校的"00 后"学生居多，他们的个性特点比较鲜明，更喜欢新型教学模式，因此，从人才培养的角度出发，高校体育教学的管理部门应尽可能地引入更多的新型体育人才，使学生能够更好地参与到有趣、自由的教学活动中来，并满足他们对新型体育教学内容多元化的需求。

其次，高校体育教学与其他学科最大的区别之一，就是需要更多的设备器材，而不仅仅是一片空旷的场地。对于拓展训练或定向越野而言，高校需要有一个比较固定的场地及器材，如果缺乏相应的场地及器材，就不能进行相关的教学，从而会影响到学生的训练情况。因此，对高校体育教学设备配置进行优化升级是十分有必要的。

再次，在当前我国高校体育教学模式的多元化情况下，如果没有相应的教学组织方式来支撑，很难提高高校体育教学的实效性。因此，要想解决这一问题，就必须根据自身的具体情况，制订出一套科学的、合适的教学组织方式，这样才可以使学生更好地进行学习，从而培养出更多的体育优秀人才。并且，在素质教育不断深化的今天，我国不少高校都开设了新型体育项目，比如瑜伽、围棋及舞狮等。这既能激发学生的学习热情，也能为高校体育教学带来更多趣味性。因此，应根据时代的发展，对高校体育课程结构进行适当的调整。

最后，在目前的高校体育教学中，对教师的教学内容、教学实践能力和课程创新意识等都缺乏一个科学的评估体系。尽管高校已经有了相关的评估体系，比如实践技能展示、实践成果展示等，但是在某种程度上，这种评估体系仍然存在着一些不足（只注重训练的成果，而忽略了学习的过程），这对学生全方位协调发展是不利的，更不利于培养出优秀的人才。因此，必须健全高校体育教学评估体系。

（三）基于人才培养的高校体育教学模式改革建议

1. 强化教学新型人才引进

通过调查发现，目前一些高校因为缺少一些高水平的体育专业人才，从而造成以人才培养为基础的体育教学改革停滞不前，甚至出现了教学效率低下，学生学习兴趣不高等问题。因此，要在实施素质教育的前提下，实现高校体育教学的变革，最重要的就是注重人才的培养。人力因素对任何组织的发展和进步起着重要作用，尤其是高水平的人才更能促进组织的发展和进步。因此，以人才培养为基础的高校体育教学模式改革也是如此，它同样要求有较高水平的专业人员进行教育，从而培养出更多的优秀人才。

从人才的角度出发，对高校体育教学模式进行全面的改革，加强对新型体育人才的引进至关重要。尤其是对街舞、射击、棒垒球等新兴运动，更是急需新兴的杰出体育人才。同时，高校要对目前的体育教师进行教学理念、体育理论、科研水平及教学能力等方面的培训，从而提高高校的整体师资水平，完善专业结构。从这一点可以看出，在素质教育的背景下，以人才培养为基础的高校体育教学模式改革，对教师提出了非常高的要求，他们要具备非常强的专业能力，要持续地对自己的知识体系进行升级，为培养出更多的优秀人才做好充分的准备。

2. 优化体育教学设备配置

在体育教学中，实践教学与教学设备是密不可分的，教学设备不仅是学生进行实践教学的基本条件，而且是学生进行实践教学的保障，同时还能够成为衡量实践教学和其规模的一个关键因素。但是，通过实践发现，目前多数高校中都存在着一定程度的体育教学设备问题（利用率不高、浪费严重），这不但影响着高校体育教学质量，而且制约着高校体育教学改革的推进。针对这一现状，以人才培养为导向，高校体育教学设备的合理配置非常重要。

为了能够全方位地解决高校体育教学设备配置的问题，高校应该从人才培养的角度出发，主动新型教学设备添加和改进，为培养出更多的优秀体育人才奠定基础。高校体育教学的管理部门应该对资金进行合理的、科学的计划和分配，以期适当增加高校体育教学设备配置资金，更好地拓展新型体育教学设备的使用范围，为实现体育人才的培养贡献力量。

3. 创新高校体育教学组织

要在以人才培养为基础上，进行高校体育教学的改革，就必须对高校体育教学组织进行创新。高校体育教学的改革就是教学组织的创新，唯有不断地进行教学组织的改革，才能培育出更多的高水平体育人才。

以高校班级授课为例，虽然班级授课是高校的一种基本的教学组织形式，但随着高校体育教学改革的发展，班级授课的形式还有待改进和完善。例如，建立新的课程结构模式，强化个性化教学，改变和丰富班级授课中学生的组织形式等。在新课改新要求背景下，分层教学就是一种新型教育方式，在高校体育教学中运用分层教学，可以让各个水平的同学都能够找到自己所需要的学习内容和方法，让他们能够充满激情地参加活动，感受到成功的快乐，最后达到更好的教育质量，培养出更多的体育人才。

4. 调整高校体育课程结构

在新课程改革的大环境下，具有科学性、合理性的体育课程结构，不仅可以使课堂教学效率得到最大程度的提高，而且可以提高学生课堂体育技术训练质量。因此，基于人才培养，高校体育课程结构改革也是十分必要的。

具体地说，以学生的全面发展为核心，构建专业理论、专业实践和素质教育的人才培养体系，是高校体育人才培养的目标。首先，高校要正确认识和把握我国高校体育教学发展的方向，结合学生专业特点，合理设置高校体育课程，使其更好地适应学生的个性发展。高校体育教师要紧跟时代的发展步伐，对瑜伽、交谊舞、围棋、舞狮等新兴的体育项目进行扩展，并将它们引入到自己的体育课程建设当中。其次，高校也可以将选修课和必修课有机地融合在一起，这样既能增强学生在课堂上的自主能力，又能充实他们的专业知识体系。最后，高校要将终身体育理念与体育课堂教学相融合，目的是通过课堂学习培养终身体育锻炼意识，提升学生的身体素质。因此，对高校体育课程结构进行合理的设置，是推动基于人才培养的高校体育教学改革的一种重要途径，高校对此应该给予足够的关注。

三、生态文明理念下高校体育教学模式

高校体育教学生态化，首先要明确的就是高校体育教学模式转型中存在的问题。当前，以生态文明理念为基础，对高校体育教学现状进行调查研究，发现存在着许多阻碍高校体育教学模式转变的问题，具体如下：

（一）生态文明理念下高校体育教学模式的转变问题

1. 生态体育认知不足，体育活动组织不力

在当前社会日益关注生态文明建设的情况下，"五位一体"的生态文明建设已被纳入国家发展战略当中。但是，目前许多高校并没有给予体育教学生态化足够的重视。因为高校体育教学模式长期沿袭着传统的教学观念和方法，许多高校还没有意识到"生态教育"的根本目的和发展意义，高校生态体育教学还只是停留在理论层面。许多高校更是存在着一种敷衍了事的心态，这对高校体育配套设施的引入造成了严重的负面影响，也不利于提高教师和学生的生态意识。

2. 高校地理位置不利，生态体育教学不佳

相关的调查结果显示，当前国内的各大高校大部分都位于都市繁华地段，尽管其所处的地理位置有一定的益处，但其教学环境却不是很好，而且还存在着一定的交通拥堵状况，这就造成了学生的整体体育训练效果不佳。此外，在实际的生态体育教学模式转型过程中，笔者还发现，目前的生态体育教学模式没有能够捕捉到学生的兴趣所在，无论是教学内容还是教学模式，都没有吸引到学生的注意力，而且在评估方法上，也没有考虑到学生在个人水平上的不同，常常是一概而论。再加上高校教师本身的体育素质和知识层次的局限性，使得高校体育教学在生态观下的发展不能完全适应高校体育教学改革的需要。

3. 配套设施严重滞后，生态体育开展不顺

近几年，我国高等院校不断扩大招生规模，导致学生数量呈现出爆炸式增长的趋势。首先，高校里可供进行体育训练的场地本来就很紧张，再加上现在高校把学校里的大部分土地都用在了本校的基础设施建设上，这就导致了高校里的体育训练场地越

来越少，体育运动面积严重不足；其次，由于学校在经费和观念上的局限，学校生态体育设施的建设比较落后，学校的生态环境、体育场馆和硬件设施的缺乏，是制约学校"生态体育"发展的重要因素。笔者了解到，许多省级大学甚至没有自己的游泳馆、乒乓球馆，只有田径场、篮球场地，这对高校开展多元化的体育教学是很不利的。

（二）生态文明理念下高校体育教学模式的转变措施

1. 树立生态体育文明新理念

在高校体育教学中，要实现人与人、人与环境、人与社会的协调发展。首先，确立师生的观念，使高校体育教学与生态学观念相融合，让传统的体育教学向更健康、更文明的方向发展；其次，教育学生认识"绿色运动"的重要意义，更加关注周围的环境和周边的设施，更加爱护大自然，从而达到人与自然的和谐共生；最后，在高校体育教学中建立一套科学化、制度化的教育体系，指导学生建立一种正确的体育锻炼思想，遵守科学的体育运动规则，从而实现人与社会的和谐发展。

2. 创建生态体育教学新环境

要想创造出一种符合高校教育特点的生态体育教学模式的新环境，要营造的就是高校生态体育发展所需的自然环境。自然环境是包含高校内的一切人类活动已经存在的物质条件，因此，在完善高校体育教学生态化结构的同时，还应当营造其相应的自然生态环境。高校校园建设应尽量避免在市区内较为繁忙的道路上进行，避免因城市的车流过多而产生的噪声对学生的身体健康造成不利影响，要选择一个距离市区较远的、环境优雅、安静的地方。另外，在建立体育场所和配套设施器材时，也要注重对室内和室外空间的合理利用。比如：利用学校的空地，建设安全的生态体育场所，对各种运动设施进行后期的修护，并定期更新场地内的设备，为学生创造一个更加安全的运动环境。

3. 创新生态体育教学新模式

生态理念下的体育教学模式转变，除了对体育课的内容进行转变外，更重要的是对体育教学评价进行转变。将传统的只能量化的体育评价逐渐纳入心理、情感等因素，在进行评价的时候，要注意到学生课外的体育锻炼方式、身体和心理发展水平和价值观的形成。除此之外，在进行体育的教育过程中，要把学生放在第一位，将他们的需求充分考虑进去，同时也要尊重学生个体之间的差别，善于发掘出他们在体育方面的优势，用一种欣赏的目光对待每一位学生，帮助他们建立起一种正确的、生态的体育锻炼意识，让他们更加关注高校体育运动。

综上所述，在生态理念下的高校体育教学模式的转变研究，旨在使高校逐渐走出传统的体育课堂，改变教师和学生的观念，提升他们对生态文明的认知水平，进而加强他们对高校体育的重视程度。这对促进学生体质发展，培养学生良好的体育锻炼习惯有着积极的作用。

第三节 新型体育教学模式的构建和运用

一、高校体育互动教学模式的构建

"为了每一位学生的发展""以人为本"是新课程发展的核心理念。在高校体育课堂教学中，教师的第一项工作就是要创造一种接纳的、支持的、宽容的教学气氛，创造一种能够引导学生积极参与的教学环境，让他们在平等、尊重、信任、理解和宽容的气氛中受到鼓舞和激励，让他们的人性得到自由和张扬，感情得到充实和发展，思想得以交流和进步。因此，在高校日常工作中，积极创造一种开放式、交互式的教学氛围是十分必要的。

(一) 转变高校体育教学观念

1. 由单纯生物目标向全面发展目标观念转变

人的全面发展是指在身体、智力、品德、审美和技能（特别是运动技能）的形成和发展。在传统观点中，高校体育教学的目的仅仅是让学生能够在身体训练中熟练地运用运动技能，从而提升他们的体质，也就是从推动人机体的各个组织系统的发育和机能的增长这一单纯的生物学层面来进行，而忽略了其他层面的发展。所以，在高校体育教学过程中，要把体育教学的教育性质表现出来，依据教学内容的特征，通过教与学的双边活动，激发、诱导和感染学生，利用现代化的教学理念和教学形式、方法，培养学生的意志品质、个性等，在优美的示范和欣赏音像教学片的过程中，让学生能够更好地感受到内部的美，在知、情、意、美、行等方面得到全面的发展，从而实现教学目的和目标。

2. 教学形式多样化，由讲授转为引导

在课堂上，学生是学习的主体，能否调动学生的积极性直接关系到教学的成败。因此，在高校体育教学中，教师应该突破以往灌输式的、照本宣科式的授课方式。教学形式要多样化，注重对学生的引导，让学生有自己的活动空间，运用"导学""导练""导规"等方式引导学生的体育学习方向，转变以往在课堂上教师强制学生"我要学生练"和学生"教师要我练"的被动倾向,形成学生"我要练"的主动体育。

3. 要拓宽教育范围,积极开展第二课堂建设

不管是对知识的学习还是对智力的开发,除了外部因素,即教师的有效指导外,还离不开内部因素,即学生的主动思考。在教学过程中,教师的指导作用不但要在教学活动中体现出来,而且应该体现在怎样激发学生的学习热情,并对他们的思维能力进行培养,要给他们更多的时间进行思考和实践。所以,应该建立多种形式的锻炼小组,进行多种课外竞赛活动,并逐渐与社会接轨。

(二)和谐的氛围是互动教学的基石

和谐的氛围是以有组织、有纪律的课堂为前提的,和谐的氛围对更好地完成教学工作有重要意义。教师与学生之间要有一个融洽的关系,就要创造一个良好的课堂氛围。教育心理学的研究结果显示:不断发生着微妙的情感交流的教师和学生之间,学生的情绪是伴随着整个教育的各个阶段。在教学过程中,教师的言谈举止会对课堂氛围的和谐程度产生直接的影响。即使是在练习中没有成功的学生,教师也要用温和的目光和充满激励的话语来鼓舞他们,帮助他们发现自身的优势,树立他们的自信心,提升他们的满意程度,增加他们的学习信念。

(三)构建民主、平等、和谐的师生关系

在教学过程中,教师与学生是构成课堂环境的重要因素,是构成课堂活动的主体。在教学活动中存在着师生关系与生生关系两种。教学过程就是一种人际交往活动的互动过程,在师生的交往中,交往的双方都是具有独立道德的自由主体。在教学活动中,学生作为主体参与,与教师配合进行教学活动,学生是平等的一方。而教师不仅是所有课堂参与者之间以及这些参与者与教学内容之间各种活动的促进者,而且是教学过程的组织者、引导者、参与者、评价者、服务者。因此,教师与学生是基于道德平等的合作,共同完成教学任务的主人。这就使学生群体真正融入到一种民主的、平等的、相互理解的、双向的师生关系之中。在这样的关系中,学生既能积极参与教学活动,又能在教师的尊重与信任中全面发展自我,获得成就与价值的体验,还能感受到道德的自主与尊严,感受到心灵成长的愉悦。所以,在教学交往过程中,体育教师要积极地创造出这样一种民主平等的师生交往和生生交往情境,让学生能够更多地体验到平等、自由、民主、尊重、信任、友善、宽容、理解、亲情和友爱。与此同时,学生受到鼓舞、感动、激励、鞭策,得到指导和建议,从而形成一种健康、积极、丰富、向上的情感体验、人生态度和价值观念。

(四)实现学生的主体地位

创新可以让人快乐,求美可以让人愉悦。体育教师要注重培养学生进行自己科学设计组织练习的能力,在课堂上要给予学生自由选择的机会,让他们运用已有的体育知识解决现实中的问题,让他们敢于尝试,勇于实践。随着学生的知识、技能和身体素质的持续提升,他们的自主学习能力以及分析问题、解决问题的能力都比以往有了很大的提升。所以,在新课程改革的指引下,我们必须充分发挥学生的主体性,让学生参考教材或者使用教师所给予的训练方式来进行练习,还可以自己设计训练的形式和方法,使其能够更好地发挥自己的主观能动性,引导并启发学生主动地参加到学习中来,真正地将以学生为主体,教师为指导的教育理念表现出来,这既能够满足学生对自由运动的要求,又能够让他们充分发挥自己的想象力和创造力,在这股诱发力的作用下,就会产生"情景—教师—学生"多项折射的和谐氛围,让他们乐学、愿学、会学,最终达到自我实现的目标。

(五)在分层教学中要开展形式多样的体育教学方法

在制订了不同的体育教学目标和可供选择的体育教学内容以后,要想把教学内容传达给学生,就必须采用合理的教学方法。不同的教学方法的选择,主要依据学生的个性差异,不同的学生有不同的个性,因此也有不同的世界观、人生观、价值观体现,所以同样的教学方法未必适用于每一个学生。在体育教学过程中,应综合运用各种教学方法和手段,对一些学生可以多做动作示范,而对另一些学生多做讲解。针对不同的学生,采用不同的教学方法,才能取得事半功倍的教学效果。这对于实现体育教学目标,提高学生的体育素养具有重要意义。也只有这样,学生才不会畏惧体育,对体育产生浓厚的兴趣。其实,选择不同的教学方法也是肯定学生主体性的一种方式,只有尊重学生的差异,正视他们的差异,并针对他们的差异采取有效的教学方法,才能促进学生的个性发展,这也符合教育公平的要求,对于培养学生的终身体育意识具有重要意义。

(六)在体育课堂教学中教师还应注意以下几方面的问题

1. 确保学生的时间和空间

在课堂上,应该给大多数学生充足的思考和合作的时间,注重学生与学生之间的互动,只有确保合作的时间,学生才能有机会互相切磋,共同提高,才能充分发挥他们的主观能动性,从而激发他们的求知欲,将学习当成一种快乐,最终达到学会、会学和乐学的状态。只有保证合作的时间和空间,才能保证合作的质量,进而体现合作学习的重要作用。

2. "引导式"的交互教学

"引导式"的交互教学是指在已有的发展领域中，让学生走出对教师的依赖，进行自主的学习，自己去克服问题。但是，它离不开教师的引导，在课堂教学中，教师在课堂中发挥着不可替代的引导作用。要对学生的学习目的性进行超前教育，对他们的学习兴趣和学习目标进行提前引导，对他们的学习习惯进行提前训练。教师要做到有针对性地引导，必须根据学生学习中提出和存在的问题进行教学。要以学导教，明确导学和导练的重点，把学生所提的有意义的、体现教材重点、难点的问题进行整理，并将它们组成几个重点问题，指导学生在学、思、议的过程中，一个一个地去解决它们。在教学过程中，要将学生的主体地位发挥到最大，敢于放手，让他们进行自主学习，并注重教师的引导，这样，学生才会爱学、乐学、会学，从而达到真正的学会学习目的。

3. 提供自主学习的环境

在体育课中，教师要适时地、有计划地安排出一定的自主学习的时间，要给学生有选择的权利和尽量多的选择余地，让他们可以进行自由的练习和思考，允许学生标新立异。应该提倡每一位学生根据自己的实际情况，以集体的目标为基础，决定他们的个人目标和选择方式。比如"踏石过河"游戏，教师只需规定条件：三块石头；提出要求：安全快速过河。具体采取什么样的措施，由学生自己去实际操作。要让学生能够自主地选择学习伙伴，学生自己找的伙伴，他们之间兴趣相投，关系亲密，能够彼此包容，这样才能促进学生自发、自主地学习。

任何一种体育教学方法，其目的都在于提高教学质量，增强学生体质，更好地促进学生的身心健康。互动教学属于一种更重视学生心理环境，更民主自由平等的教学方法，对教师的教育理念、素质、教学水平均有了更高的、更严格的要求，这不是一种简单的提问与回答，而是通过各种互动方式，从实质上激发学生的思维，讲究技术与艺术的一种教学理念。采用幽默的教学风格可以使课堂的氛围变得更加活泼，提高学生学习的积极性，获得更好的教学结果，也可以更好地进行交互的设计与实现。

二、合作学习模式在高校体育舞蹈教学中的运用

（一）合作学习模式在体育舞蹈教学中的应用

合作学习主要指的是通过合作、互相帮助、共同提高等方式展开学习。合作学习具有更多的趣味性，在应用于体育舞蹈教学的过程中，学生能够获得更多令人难忘的学习体验。第一，体育舞蹈往往需要多位同学共同合作，这对每一位同学的技术水平、

合作能力都有很大的考验；第二，大家可以互相指点，一起讨论，一起学习，这样不仅可以提高学生的团队合作能力，而且可以为学生将来走上社会打下基础。

在体育教学中使用合作学习模式，将学生分成若干小组，保证每一位学生都能参与其中，让学生自主地认识到自己的重要性，也就是让学生意识到自己是团体中的一员，自己的每一次表现都会对其他小组成员的成绩产生影响。每一位学生都意识到自己的责任，主动对团队负责，对教师教授的每一个体育舞蹈动作都抱着严谨的态度，认真学习，保证每一个动作的完成质量。每一位成员都认真完成自己的学习任务，并共同学习必要的理论知识，通过合作交流、互相探讨，提高自己的学习质量。在合作学习的过程中，每一位学生都要树立起合作意识，在一个团体中，学生之间互相帮助，当他们在学习过程中遇到困难的时候，还可以向小组中的其他成员请求帮助，请求其他人给予指导。小组成员之间要互相指点，互相提出意见，共同进步，每个成员都要秉持"三人行必有我师"的态度，要善于向别人学习，找出正确的学习方法，最终达到体育舞蹈的美和协调等要求。利用合作学习的方式，每个小组成员之间能够相互取长补短，快速找到自己在学习过程中存在的问题，并及时纠正问题，为今后更深入地学习体育舞蹈做好准备。

（二）合作学习模式在体育舞蹈教学过程中遇到的问题

1. 学生缺少合作意识

在进入大学校园之后，学生都在寻求着自己的个性发展，缺乏了一种共同学习的观念和热情。在把学生分成不同的小组之后，很少有同学能够真正地参加到这个小组中来。部分学生在完成教师给他们安排的学习任务时，都偏向于自己进行学习。只有当出现了一定要通过团队协作来完成的舞蹈动作时，他们才会选择进行协作，而且在整个学习的过程中，他们之间的交流非常少，因此，在体育舞蹈的学习中，小组的存在没有发挥出应有的意义，所以，教学效果也就不那么好了。比如在华尔兹的教学中，学生要分成两队，一队一名男子和一名女子，男子和女子的舞步有各自的特点，所以在练习华尔兹时，必须由男子和女子配合进行，男女之间要通过交流合作来提高默契，除了要有一定的理论基础之外，还要有一个正确的练习方法，准确把握每一个舞姿的要领。但事实上，大多数情况下，学生往往局限在两个人之间的交流探讨，很难有每个成员都参与的全组讨论，这对学生的学习效果造成了很大的影响。

2. 合作教学模式本身存在的不足

教师在将学生进行分组后，经常会要求小组合作共同完成任务，然而这样的分组并没有任何依据，通常情况下，教师常以简单容易执行为原则，最多也就是根据自己在平日里对学生学习情况的一个大概认识，尽可能地将不同程度的、能够相互学习借鉴的，或者关系比较好的几个人安排到一组中。然而，在实际的运作中，即使是将男生和女生分成两两一组也很困难，这主要是由于不同的院系专业，男生和女生的比例存在着差异。在实际的教育过程中，工科、理科类的专业中，女生比较缺乏，而在语言类的专业中，女生比较多，这就给实际的教育过程中男女搭配造成了很大的困难，很可能会出现男生填补女生位置，女生填补男生位置的情况。

（三）改进合作学习模式实际应用的措施

1. 形成合理的合作模式

小组的构建要合理。通常情况下，课堂中分组的数量要适度，既不能太多，也不能太少，4～6人比较适宜，一个合理的数量可以让每个学生都有一个发言的机会，而且在观点不同的情况下，也不至于出现太大的分歧。而体育舞蹈的分组一般由两个人组成，这样既可以保证排练的效率，又不会浪费过多的时间。而且，在分配上，一定要有一个科学的方法。将个人意愿视为主要的考量条件，其他条件作为调整的考虑因素。教师在进行教学和验收工作时，应以小组为单元，并确保各小组之间具有相近的水准，以便于在组内学习和在组外进行互相借鉴。在建立合作模式时，要注重合作模式的可行性。在教学中，教师要有耐心，留给学生充足的练习时间，制订具体的评价标准和最终目标，并且保证定期指导和抽查。

2. 改变学生的观念意识

通过宣传教育，在意识上改变学生的传统观念，提高教学效率，注重方法的传授。与一般体育项目相比，体育舞蹈具有更高的难度，它首先对学生的基本理论知识有一定的要求，其次对学生的身体协调性也有一定的要求，其最终目的是提高学生的综合素质。在学习的过程中，需要其他人的配合，最好是有小组间的交流和讨论，仅凭课堂上的时间，学生并不能很好地掌握体育舞蹈的技能。首先，要使学生意识到小组合作学习的重要性，使他们积极地参与其中，认识到小组合作的优势；其次，怎样进行合作学习，需要教师的指导，学生之间的相互熟悉需要一段时间，不敢沟通和不会沟通，就会影响到学习的质量。教师要充当一种媒介，让学生尽快地互相认识，在分组之后可以进行讨论和合作，让学生意识到，小组之间并不是竞争关系，而是一种可以相互学习借鉴的伙伴关系。

体育舞蹈既有美感又有趣味性，它不仅可以提高学生的身体素质，而且可以让学生获得身心的愉悦，舒缓学生的情绪，适当地缓解学生的压力。在实施"合作学习"模式时，应与传统教学模式相结合，注重基本技能的教学。在体育教学中形成一种完善的合作学习模式，对于其他学科也具有一定的参考价值。

三、分层施教模式在高校体育教学中的运用

为了更好地落实素质教育的发展要求，保证每一位学生都能得到充分的发展，在高校体育教学中，有必要采取分层教学方法，进行因材施教，提高学生的身体素质，充分发挥学生的主体作用。

（一）分层教学的概念

分层教学法指的是，按照学生的学习程度，将他们分成几个小组，教师以每个小组的实际状况为依据，有针对性地进行教育，以实现不同层次的教学目标的一种教学方法。分层教学法包括四个环节：①学生编组。实行分层教学的基础是把学生编组，按照他们的基础水平、接受程度和心理素质等因素，把他们分成几个小组，一个小组是按照课程大纲的基础内容来授课，另一个小组是按照稍微超过课程大纲的基本要求进行授课，还有一个小组则是按照更高的标准来授课。当然，分组也要考虑到学生的学习水平和理解水平等因素的变化，随时进行调整。②分层备课。实行分层备课是进行分层教学的先决条件。教师要对教材的大纲与内容展开深刻的学习与研究，并总结出哪些是必须要掌握的基本内容，哪些是略高于大纲基本要求的内容，哪些是较高的学习要求和内容，以便更有针对性地开展教学工作。教师要以学生层次的划分为依据，掌握好授课的出发点，将知识的衔接进行好，降低教学的坡度，让每个人都能学习、都会学习。③分层授课。实行分层次讲授是实现分层教学的关键。在课堂上，要注重以学生为中心，按照学生水平的不同来教授课程的内容，从而达到分层教学的目的。④分类指导。实行分类指导是进行的分层教学的重要环节。在进行教学的时候，教师要因材施教，针对各个级别的学生的不同素质，采用有差异的辅导方式，推动他们的学习进程，让他们从低层次过渡到高层次，最终实现整体优化的目的。

（二）分层施教模式应用于高校体育教学中的意义

1. 有利于学生个人素质的发展

分层施教，以学生的水平为依据，制订出相应的教育目标和教育任务，并有针对性地对他们展开教育，这样就可以使素质较高的学生获得更大的提高，素质较低的学生也可以顺利地达到教学目标，从而实现学生的个体差异化发展，提高他们的体质，推动高校体育教学的改革和发展。

2. 有利于提升教师的专业素质水平

分层施教的方式，就是要依据学生的级别，选择相应的教学目标、教学内容和教

学方式，这就需要教师深入研究课本，并针对教学目标的差异，来制订相应的教学策略。这对教师的教学工作提出新的要求，对教师的教学任务带来新的挑战和压力，对教师的组织控制和灵活应对的能力也有很好的磨炼，从而提高了教师的专业素质水平。

3. 有利于学生积极性的调动

以学生的学习程度为依据，采用分层施教方式，在此过程中，学生可以获得有针对性的指导，快速地将所学的知识融会贯通，从而提高他们的自信，激发他们的学习热情，让他们更加积极地参加到体育活动中来，推动他们的全面发展。

4. 充分发挥了学生的主体作用

在分层教学模式中，教师要根据学生的分组情况，采用不同的教学目标及教学内容。教师也可以与学生展开交流，让学生参与制订教学内容的过程中，学生以自己的实际情况为依据，选择与之对应的目标及内容。这样可以对学生进行独立思考的能力和探索问题的创造精神进行培养，能够将学生的主体作用完全发挥出来，调动他们的积极性，从而培养学生终身体育的意识，推动学生综合素质的发展。

5. 有利于建立良好的师生关系

在分层施教模式中，教师要鼓励学生以自己的具体情况为依据，寻找与自己相适应的教学内容与目标。同时，学生与教师之间正面交流的增加，对构建良好的师生关系，拉近师生的距离，营造出一个融洽的课堂氛围有很大帮助，进而可以更好地提高学生的身体素质，推动高校体育教学事业的改革与发展。

（三）分层施教模式在高校体育教学中的运用

1. 充分了解学生的体育水平，进行合理分层

在高校进行分层教学的时候，教师要对每一位学生的数据展开调查和分析，对他们的个人身体素质、体育素质、兴趣爱好、性格特征等都有一个全面的认识，并与他们展开交流，同时还可以利用体育素质的摸底考察等方式，对他们的身体素质进行全面的认识，最后再根据他们的具体情况进行科学、合理的分组，并以每一位学生的个性差异为依据，制订与他们的教学目标、教学内容等。

2. 制订科学的分层目标、分层内容及分层作业

实行分层教学后，高校应针对不同类型的学生，制订出更加科学合理的教学目标、教学内容和教学任务。与此同时，也要鼓励他们，将所学的知识融会贯通，朝着更高的层次去努力，从而达到差异化教育、增强学生的自信心、提高学生的体育素养、推动学生综合全面的发展的目的。

3. 实施评价分层，建立以促进全面发展的综合评价目标

分层施教模式，因为教学目标和教学内容都是分层的，所以对学生的评价也应该实行分层。评价结果可以从学生的出勤率、运动技能的提高等方面得到。不同层次的学生，其教学目标及内容各不相同，在对学生的评价过程中，应该将学生不同程度的进步和学生不同的体育素质的提高作为重点。教师应该让学生的心理需求得到满足，学生的自信心得到增强，从而展开科学、合理的评价，将促进学生的全面发展作为评价目标，调动学生的积极性，培养学生的体育热情。

4. 分层施教时，要及时调整分层的教育状态

对高校体育课程进行分层教学，使学生的身体素质有了一定的改善。由于学生之间的个性差异，有些人进步很快，有些人进步缓慢，从而造成了同一类学生之间的身体素质差别加大。教师要善于观察，善于发现，并适时地对分层进行调整，以更好地推动学生的发展，最大限度地挖掘学生的潜力，实现学生水平的优化，进而培养学生的体育兴趣，提升学生的体质，推动学生全面综合发展。

分层施教是实现我国素质教育目标的重要手段。在高校体育教学中推行分层施教，对促进学生个性发展，提高教师专业素质，调动学生学习积极性，发挥学生主体作用，建立良好的师生关系具有重要意义。所以，高校应该大力推行分层施教的方法。要对学生的身体素质有全面的认识，并对其进行科学的分类；制订合理的教学目标和教学内容，并对教学任务进行分类；实行分层评估，确立综合评估指标，以提高学生的整体发展水平；运用多种教育方式，适时调整教学层次；对学生进行心理辅导，可以使学生的整体素质得到提高，进而推进高校体育教学的改革和发展。

四、高校体育教学中俱乐部模式的引入和运用

"健康第一"成为高校体育教学改革的指导思想。在这一思想指导下，教师应鼓励和引导学生主动参与体育锻炼，增强身体素质。因此，基于这一目标，采用俱乐部模式的教学方法进行教学，具有一定的探索性。

（一）在当下高校中引入俱乐部教学模式的实施情况

1. 简介高校体育俱乐部教学模式

高校体育俱乐部教学模式，就是指以模拟俱乐部的形式，让学生在组织指导下，根据自己的喜好，选择参与到与之有关的体育运动中去。目前，在国内，俱乐部教学

的方式主要有课内教学和课外教学两种。课内教学是指在正常教育教学时间之内，由教师组织开展，把这种模式应用到课堂教学中。课外教学是指在课余时间，按照学生的愿望，或是自主组织，或是在学校和有关的学生社团的安排下，进行自主锻炼。课内教学的最终目的是让学生对体育锻炼感兴趣，进而自主地开展课外运动，为课外运动奠定一个良好的基础。目前，我国高校体育教学社团的发展已经取得了一定的效果，具有一定的推广价值。

2. 体育俱乐部模式教学的积极作用

俱乐部模式是根据学生自身的兴趣和愿望来展开的。高校的教学具有更大的自主性，学生的学习也具有更大的灵活性。俱乐部模式可以将具有同样爱好的学生放在一个班级里，由在这个项目中具有很强专业性的教师对他们进行统一指导。通过这种方式，具有相同爱好的学生之间很容易产生共同话题，还会在班级内部形成更浓郁的运动氛围，进而强化学生的身体素质，让他们能够充分发挥自己的主观能动性。每一个人都有自己擅长和不擅长的项目，从某种程度上来说，这样的教学方式也算是因材施教，对学生进行针对性的教育。再者，学校的硬件设备很难满足每一位学生的需求，采用俱乐部教学模式，可以在一定程度上降低学生使用器材的冲突，也便于器材管理者对其进行管理。

3. 俱乐部教学模式在实施过程中遇到的困难

俱乐部教学模式是一种新型的教育教学模式，它在起步阶段一定会遭遇到各种各样的问题，其中最主要的问题就是师资。在这种情况下，对于教师来说，首先要具备较高的专业素养和专项运动项目的素质，但是根据研究结果，大部分高校里的体育教师年龄偏大，学历偏低，相关理论知识比较薄弱，教师所擅长的专项项目大多集中于几个传统项目，比如田径、健美操、足球、篮球等。专修羽毛球、排球、网球和定向运动的教师人数不多。同时，由于硬件设备的落后，使教师很难进行日常的教学工作。其次，学生的思想理念和接受教育模式存在着障碍，在经历了多年的应试教育之后，大部分学生都认为学习就是为了考试，在这样的情况下，很难让学生走出去锻炼身体，如果没有考试的压力，大部分学生都不会积极地参与到某种运动中来，俱乐部教学模式要想成功地进行下去，就必须依靠学生的自觉性。所以，在大一和大二，两个年级的教学中，教师要注意激发学生的学习热情，使学生形成积极主动的自主运动习惯，以确保俱乐部教学模式的顺利进行。

（二）将俱乐部教学模式应用于教学的措施

1. 从根本上改变体育教学的观念

高校的实力不仅表现在其科研能力的高低上，而且表现在对人才的教育与培育上，而培育人才，在重视智力培养的同时，也要重视身体素质的培养。为此，高校应加强对体育教学的重视，增加对体育设施的购置和维护。另外，学校还可以将俱乐部的运营管理权限交给学生，让他们自己去管理。在教育教学方面，既要开设羽毛球、排球、篮球、乒乓球等传统项目，又要跟上时代步伐，增加更多更受学生喜爱的新型项目，比如瑜伽、攀岩、射击等。通过这种方式，可以有效地调动学生对体育的兴趣，增强他们的体育活动热情，让他们在新的体育运动中发掘自己的潜能。只有这样，俱乐部教学模式才能在最大限度地发挥其功效，学生才能真正得到身体素质上的提高。

2. 使教学模式多元化

单一的教学模式会造成学生学习兴趣降低，教学效果不佳等问题。以俱乐部教学为基础，实施"一体化、分层次"的教学模式。一体化指的是将体育教学和其他学科教学相结合，这样就可以避免学生的运动时间被其他的课程所挤占。而分层次指的是对不同水平、不同兴趣爱好的学生进行分类教学，把水平相近、爱好相同的学生分在一个班级中，这样就可以方便教师进行分层次的教学，充分发挥学生的特长。教学之外，教师要善于挖掘学生的长处，对突出的学生进行训练，选取学生运动会中的小裁判员与教练员，扩大高校体育人才的后备力量，促进高校体育教学的发展。多元化的教学模式还能够增加体育教学的新颖性和娱乐性，培养学生健康的生活方式，提高学生进行终身体育的可能性。

3. 完善考核评价体系

目前我国高校体育课程评价主要是以量化评价为主，未能充分考虑到学生的个性特征。在素质教育的思想中，一个人的学习成绩不能只凭分数来判断，还要多方位、全面地对他的学习能力进行评估，比如对其运动的积极性、运动技能的提升速度等方面的评估，这样才能让学生更好地发掘出自己的潜力。所以，构建一个科学、合理的考核与评估体系是非常关键的，而且，一个合理的评估体系还可以在某种意义上帮助学生树立运动信心，提高学生的运动热情和积极性。

4. 对俱乐部的运作经营体系进行完善

建立俱乐部的最终目标是提升高校体育教学质量，必须对此有深刻的理解，不能舍本求末。在对俱乐部进行运作的过程中，应该挑选专业素质过硬、交际能力较强的教师充当管理骨干，让每一个俱乐部都有一个与之有关的负责人，对其进行分层次逐级的管理，从而达到对资源和人才的高效、合理的配置目的。对学生的体育活动进行合理的计划，并对学校的硬件设备展开相应的维护和管理，指导学生选择适合自己的运动项目，从而避免因为学生的自主选择而导致某个项目选择人数过多的情况。在参加了一段时间的俱乐部活动后，要组织学生对其进行反馈和总结，并对俱乐部更好的发展提供建议，便于教师进行改进，以达到持续提高学生运动兴趣，提高学生身体素质的目标。

目前，国内高校的俱乐部教学模式尚不完善，在推行的时候也遭遇了不少阻碍，但该模式的提出还是为高校体育教学提供了一定的帮助，不少高校体育教师也认识到了传统的教育模式存在的缺陷，并在进行着积极改革。在高校体育教育中实现俱乐部模式的大规模引入，需要社会、学校和教育工作者的通力合作。

第四章　高校体育教学方法的改革与创新

第一节　高校体育教学中多媒体技术的应用

一、多媒体教学技术的特征

（一）多媒体教学技术的多维性特征

所谓的多媒体技术的多维性特征，主要指的是多媒体教学技术所拥有的对信息范围进行处理的扩展与扩大空间的能力，而这种多维性职能可以对输入的信息进行变换、加工、创作，增强其输出信息的表现能力，丰富其显示效果。比如，在高校体育教学中，通过多媒体系统的帮助，既可以确保学生对文字知识的学习，对静态图像进行观察，又可以清楚地观察、了解体育教师的动作演示，增强了高校体育教学的效果。

（二）多媒体教学技术的集成性特征

所谓的多媒体技术的集成性特征，主要指的是多媒体技术能够将不同类别的多种媒体信息有机地进行同步组合，如声音、文字、图像等。除此之外，集成性还有另一层意思，是对这些多媒体信息进行处理的工具或者设备的集成，包括视频设备、储存系统、音响设备、计算机系统等的集成，总之，是在所提供的各种设备上将各种媒体密切地进行关联，使文字、声音、图片。与音像的处理实现一体化。

（三）多媒体教学技术的交互性特征

所谓的多媒体教学技术的交互性特征，主要是指人与人之间、人与机器之间、机器与机器之间的互动，即人和机器进行对话的能力，也就是使用者同机器之间进行沟通的能力。这就是多媒体计算机系统与传统的音响、电视等家用电器的区别。人们可以按照自己的需求，对多媒体系统进行选择、控制和检索，并可以参与到播放多媒体信息与组织多媒体节目的行列中。

二、多媒体 CAI 在高校体育教学中的应用

（一）目前我国 CAI 的发展现状

当前，CAI 正在进入一个多媒体大范围教学的时代，即利用先进的计算机技术、多媒体技术、网络技术、通信技术和设备，"最好的教师面向最广大的学生"的时代。因此，确保 CAI 教学在大数量和高质量上的发展有着非常重要的意义。

（二）多媒体 CAI 的发展趋势

对于近年来在 CAI 中多媒体技术的应用情况进行综合分析，我们可以得出多媒体 CAI 的应用有三个发展方向，分别是：

1. 呈现网络化的发展方向

随着计算机技术，特别是网络技术的飞速发展，人们的工作和生活方式发生了巨大的变化。网络技术的发展离不开多媒体技术的支撑，而多媒体技术又必须应用于网络，从而增强了网络的表现力。CAI 课件在网络上的应用，实现多媒体 CAI 的群体性教学模式。

2. 呈现智能化的发展方向

从功能上来说，多媒体教学软件与智能教学辅助系统之间具有互补关系，若能将二者相结合，就可以避免缺点，发挥优点，从而使具有更高性能的新一代多媒体 CAI 系统得以诞生。要实现多媒体 CAI 具有一定智能性的问题，不仅要与人工智能领域的知识表达与知识推理密切相关，而且要考虑到学生的建构问题。针对人工智能中的知识表达和知识推理问题，探索一种适用于多媒体环境的新的知识表达方式及与之相对应的推理机制。此外，还可以更好地运用各种方式来确保在多媒体知识库中的导航功能向智能化发展。智能导航除了具有普通导航功能外，还可以根据学生目前的知识水平，给出最适合的下一步路线，当学生遇到困难时及时给予帮助，等等。

3. 呈现虚拟现实的发展方向

虚拟现实属于交互的一种人工世界，需要多媒体技术同仿真技术的有机结合，在虚拟环境中创造出一种身临其境的体验。一般来说，想要进入虚拟现实世界，需要戴上特殊的头盔和手套。

将虚拟现实技术应用到高校教学中，有着非常令人鼓舞的前景。比如，我们可以

构建一个虚拟物理实验室系统，帮助学生开展各种的虚拟实验。比如万有引力定量实验等，进而深入地了解物理的概念与规律。

随着多媒体技术和仿真技术的不断进步，实现虚拟现实的理论和方法也在不断发展。举例来说，城市设计与规划专业的学生利用这个系统，可以设计并制作出一个虚拟的城市，如果学生可以尝试改变城市的环境，则可以在一定程度上促进游客游览真实的幻觉。

（三）同传统的高校体育教学方法相比，多媒体 CAI 具有的优势分析

在高校体育教学课堂教学活动的展开中，因为其教学内容与教学任务有一定的要求，所以多媒体 CAI 可以科学合理地对现代教学媒体进行选取和使用。而信息的全面传播需要人类的多个感觉器官，并可以对由媒体结合所进行的系统教学进行反馈和调节，确保其在高校体育教学的实施中一直发挥作用，以达到高校体育教学的最优效果。

通过对 CAI 高校体育教学与传统高校体育教学进行对比分析，得出了一些有益的结论。

1. 体育教师在指导学生体育学习活动的过程中对其系统进行利用

在现代化高校体育教学中，计算机可以携带很多与教学有关的信息，可以根据高校体育教学的实际需求，实现人机对话，并且能够任意调用和开展各种各样的高校体育教学活动。

2. 可帮助学生对动作概念尽快地建立

若能在体育教学中运用多媒体 CAI 教学，则可提高运动训练的有效性。比如，当体育教师讲授足球基础课时，当他们谈到"越位"这个概念，大多数人都能很好地了解这个概念，但在实践过程中，他们往往难以很好地把握这个概念。在表达时，体育教师可以运用绘图的方式，也可以运用声音和图像材料，将足球比赛中的几个典型和非典型"越位"的画面组合起来，从不同的视角，适时地给学生展现"越位"的含义，并加入经过反复斟酌的评论，激发学生的各种感官得到调动，让他们从理性和感性上了解这一概念。

3. 学生可用其对自我学习、自我测验与自我评价直接地开展

对于多媒体 CAI 高校体育教学的应用，是通过体育教师对学生进行讲解，确保学生的体育学习活动，不但可以在课堂上进行，而且可以在课堂教学结束后进行，也就是复习或自学。

4. 向学生及时、准确地反馈其学习进程，使体育学习效率得到提高

在传统的高校体育教学中，教师在讲授跳远动作时，会对学生做出的不规范腾空动作或是未达到要求的动作进行指出，但有的时候，学生自己并没有察觉到动作的错误，从而造成了师生间的交流障碍。要想解决这一问题，就必须在教师的细心指导下，让学生一次又一次地对一种动作反复练习，在反复的练习中，不断地感受着动作的要领。当学生需要改善某个成形动作或提高自己的运动表现时，就会造成其训练水平较低，成绩提高缓慢的结果。若将学生每次的起跳过程记录下来，按慢动作进行分析，然后让学生去观看，这样，他们就可以及时地找到问题，并加以改正。也可以通过计算机的加工功能，提前记录一些出色的同学所做出的这一动作，然后进行比较，就可以清楚地看出二者的不同。

5. 使学生的体育学习兴趣提高

在传统的高校体育教学活动中，因为单一的高校体育教学形式和落后的高校体育教学手段，使得学生因为学习过程反复、辛苦、无聊而产生的不能主动面对学习的心理状态，而多媒体 CAI 是新颖的、变化多样的，可以调节学生良好的心理状态，并可以有效地激发他们的求知欲，提高他们的体育学习效率。

总之，多媒体 CAI 可以有效地激发学生的多种感官，最大程度地获取新的知识和信息。将 CAI 技术运用于高校体育课堂，推动了高校体育教学的多元化，从而更好地适应了学生的各种心理需求。可以将信息编码成图像，通过同步识别之后，确保高校体育教学文件的声图并茂，生动形象，清晰易懂，让学生更加容易接受。

（四）体育多媒体 CAI 课件设计

体育课件的结构主要由原理教学模式和训练教学模式两部分组成。而体育多媒体 CAI 课件的总体结构组成是高校体育教学内容与高校体育教学目标，其主要目的是使学生掌握体育基础知识和基本技能，增强学生的身体素质，培养学生的良好思想品德，提高观察能力与模仿能力。

1. 体育多媒体 CAI 课件设计步骤

体育多媒体 CAI 在设计的过程中，主要包含四个主要步骤。

一是在体育多媒体 CAI 课件进行设计的第一阶段，首先要确定题目。之所以对题目进行确定，是因为应对课件设计所依据的规范进行了解；二是撰写脚本。撰写脚本是为了对高校体育教学的内容进行安排。主要由具有丰富教学经验的高校体育教师来负责撰写；三是编制软件。前两个阶段还只是纸上谈兵，但是在这个阶段，不再是字面上的语言，而是课件的实际材料。在这一过程中需要做的工作有四项：①利用多媒体编辑工具，对多媒体数据进行确定；②利用多媒体制作工具进行多媒体课件的制作；③编制相关的程序；④进行测试和检验。当完成了体育多媒体 CAI 课件的开发和设计工作以后，就需要进行测试和检验，主要目的是对体育多媒体 CAI 课件的运行情况进行测试，从而对课件能否达到既定目标进行测验。

2. 体育多媒体 CAI 课件的选题原则

我们都必须承认，体育多媒体 CAI 课件的特点和优势是十分强大的，但是，有时也会有相对的缺点和局限，所以，在完成全部教学任务时，不能过于依赖体育多媒体 CAI 课件，还要考虑高校体育教学目标、高校体育教学条件、高校体育教学资源和高校体育教学内容，确保选择最优的方法，并进行精心设计。更要与其他教学媒体紧密结合，组合应用，扬长避短，构建更高效的教学系统。

我们要考虑体育多媒体 CAI 课件的价值，即在课堂教学中是否有必要使用 CAI 课件。如果采用传统的教学方法可以达到较好的教学效果，那么就不需要在体育多媒体 CAI 课件上投入太多的精力。因此，在确定体育多媒体 CAI 课件的内容时，往往很难用语言清晰地表达高校体育教学过程中的难点与重点，这种情况下，采用体育多媒体课件的形式是比较合适的。之所以会出现这种情况，是因为对于体育多媒体课件来说，它本身拥有比较丰富的功能，可以将声音、视频、动画、效果汇聚在一起，可以更贴切地模拟自然，表现自然，或者是在实验条件的支持下，通过局部放大、旋转与重复等多种方式来展现，从而可以有效地突破高校体育教学的重点与难点。以模拟训练为目的，尤其是基础训练更适合于多媒体形式的应用。体育多媒体技术具有较强的仿真功能，可以在高校体育教学中实现各种仿真技术的有效实施。比如，替代一些进展比较困难的危险实验，在高校体育教学过程中的实际操作，周期较长或者代价较高的实验，但是，要注意的是，在选择高校体育教学内容时，应选择那些不存在演示实验或者是演示实验不容易做的教学内容，并进行使用。

3. 体育多媒体 CAI 课件的设计原则

（1）结构化分析原则。在进行体育多媒体 CAI 课件的设计时，应当遵守结构化分析原则。此处所说的结构化分析原则，主要是指在进行体育多媒体 CAI 课件的设计时，采用系统分析的方式，根据结构要素的构成，将其逐个分解，当对其全部的元素都可以清晰地了解和表达后，就可以终止其分解。在结构化分析的基础上制作的体育多媒体 CAI 课件，可清晰地表现出高校体育教学的各个层面，做到纲举目张，更好地展现出体育多媒体 CAI 课件的整体架构和课程内容的设计。

（2）模块化设计原则。所谓的模块化设计原理，就是根据结构化分析的框架图，将相同或相似的部分设计成模块，从而使得它们具有相对的独立性，用模块图来表达单个功能模块的构成结构，从而决定了课件系统以及与之对应的功能结构，为结构化编程提供了一个有利的环境。通过大量的实验，证实了模块化的体育 CAI 课件不但可以减少繁琐的程序编制工作，而且可以确保其风格的一致性和制作的程序化。

（3）个别化教学原则。在对高校体育教学内容进行选择与组织时，要做到通用性强，确保某一水平的所有学生都可以使用。在此基础上，针对学生的不同层次，提出适合于高校体育教学的步骤与策略。比如，学生可以掌握他们所学的知识的深浅，并且可以决定自己所学知识的进程。

（4）反馈和激励原则。体育多媒体 CAI 课件应根据每个学生的反映，将相应的信息随时随地反馈给他们。在体育多媒体 CAI 课件中，要确保具有友好的交互式接口，要将学生的体育学习热情激发起来，让学生一直保持着一个好的学习环境，并且要及时有效地加强高校体育教学的影响，让及时的正向激励作用得以有效地发挥。

（5）贯彻教学设计原则。对于体育多媒体 CAI 课件的设计来说，其理论和方法既包括体育课堂教学的展现，也包括对体育多媒体 CAI 课件进行设计的方法和原则。在设计高校体育教学的结构与内容时，体育教师要恰当地运用系统的技术和方法，进而对高校体育教学目标的设计与分析，以及高校体育教学的诊断工作进行实施。

4. 设计体育多媒体 CAI 课件的具体方法

在开展体育多媒体 CAI 教学中，首先要认识到教学内容的重要意义。在高校体育教学中，体育多媒体课件的作用并不是主要的，只是辅助性的。在开展体育教学时，教师仍起主导的作用。只有做好体育多媒体 CAI 课件的开发，教师的教学方法和手段才能在教学中取得更大的成功。因此，在进行体育多媒体 CAI 课件的开发时，可以从如下几个角度加以思考。

（1）可教性考虑。制作体育多媒体 CAI 课件，旨在优化体育课堂教学的结构，提高体育课堂教学的有效性，既要带动体育教师，又要带动学生。因此，在进行体育多媒体 CAI 课件的设计时，应该首先关注其存在的教育价值，即该课程是否需要采用体育多媒体 CAI 课件。一般而言，若只采用常规的高校体育教学方法就可以达到良好的高校体育教学效果，则没有必要在体育多媒体 CAI 课件上投入大量的时间和精力。因此，在进行体育多媒体 CAI 课件内容的制作之前，应尽量选择不具有示范实验，或示范实验不易完成的高校体育教学内容。

（2）易用性考虑。体育多媒体 CAI 课件要清晰地表达高校体育教学目标、教学步骤和具体操作方式，与此同时，就是在与本机分离的条件下，体育多媒体 CAI 课件在其他计算机环境中也可以正常运作，所以，要特别关注以下几方面内容：

①体育多媒体 CAI 课件应该便于安装，且能够随意拷贝到其他硬盘上使用。首先，在使用多媒体 CAI 课件时，要确保启动速度较快，以免造成师生等待焦急的情况；其次，要尽量减少体育多媒体 CAI 课件占用空间，纠正"越大就越好"的误区。随着互联网技术的不断发展，体育多媒体 CAI 课件的运行在网络环境下最好。②体育

多媒体CAI课件应该具备友好的操作界面。在体育多媒体CAI课件中，其操作界面应当包括有一定含义的按键和图像，并可以使用鼠标进行操作，对某些特殊的情形要尽量避免，比如，键盘操作比较繁杂。除此之外，还应当对体育多媒体CAI课件各个内容部分之间的转换进行合理设定，确保可以轻松地进行跳跃、向前与向后等操作。③体育多媒体CAI课件的运行要保证一定的稳定性。对体育多媒体CAI课件来说，它在运转的时候要有一定的稳定性，当体育教师在执行体育多媒体CAI课件时，一旦发生了错误的操作，就很可能会发生退出或计算机重启的情况。所以，在体育多媒体CAI课件的实际使用中，体育教师要尽量减少或者避免这种现象的发生，确保在体育多媒体CAI课件的使用中能够保持稳定。④体育多媒体CAI课件要保证及时进行交互应答。在体育多媒体CAI教学中，要确保教学的实时性和交互性，并且不能把体育多媒体CAI课件和影片等同起来。在教学中，要注重对学生的关注，让学生学习的过程更加有条不紊、循序渐进，为学生留出更多的思考余地。

（3）艺术性进行考虑。对于一个体育多媒体CAI课件来说，其展示既要确保良好的高校体育教学效果，又要让人感到愉快，如此才能为体育教师和学生带来美的享受。若以上两个要素都可以确保，则表明这个体育多媒体CAI课件具有很强的艺术性，将优良的内容与精美的形式有机地结合在一起，需要指出，要达到这两个目的并不简单，体育教师除了要有艺术的基本知识外，还必须有一定的美学素养。因此，若对此项指标存在过高的期待，则很难达到预期的目标。

在体育多媒体CAI课件中，其艺术特点体现在以下几个方面：操作界面的色彩柔和，布局科学合理，画面应与学生的视觉与心理产生共鸣；如果想要确保画面的真实性，可以考虑采用3D效果；要确保画面的流畅，避免停顿、跳跃等现象发生，体育多媒体CAI课件屏幕中最多只能同时存在两个运动对象；而且，除了具有良好的音调之外，还要有合适的配音作为辅助。

三、基于Web的体育多媒体网络课件的教学设计

（一）体育多媒体网络课件设计特点

基于Web的体育多媒体网络课件设计，主要强调学生在高校体育教学中的主体地位。在主动获取知识的环境中，师生的地位、作用以及传统的教学方法都发生了巨大的变化，相应的教学设计理论也与传统的教学理论有很大的不同。所以，要按照以学生为中心，强调师生充分交互的原则，设计体育多媒体网络课件，保证能够体现网络教学特点的软件被设计出来。

1. 强调"以学生为中心"的思想

在体育多媒体网络学习中，要充分发挥学生的主观能动性，体现出高校体育教学课内外相结合、体育锻炼活动主动参与的精神。要确保学生在自己的练习反馈信息的支持下，对高校体育教学的理论和方法有自己的看法。

2. 强调情境在获取知识中的重要性进行强调

对于高校体育教学信息的接受与传递不等同于知识建构的问题进行强调。在体育课程教学构建的实际条件下，可以进行一系列与学习有关的活动，帮助学生更好地运用已有的认知结构中的某些有关经验，从而更好地固化和索引当前所学的体育课程教学的新知识，并在此基础上对新型高校体育教学进行具体的认识。所以，在构建体育学习情景时，要注重知识与知识之间的结构性联系，避免对高校体育课程的单纯列举。

3. 对于获取知识方面，强调协作学习发挥的重要作用

在体育多媒体网络课件进行设计时，使学生与周围环境的交互，以及增强协作学习环境的作用得到充分有效地发挥，这对于学生充分理解高校体育教学内容具有十分重要的意义。

4. 强调学习环境的设计

在学习环境中，学生要充分地使用多种信息资源和工具，才能成功地实现自己的学习目标。基于 Web 的体育多媒体网络课件设计，在以学生为中心的指导下，从学习环境进行一系列设计，之所以如此，是因为在教学中存在更多的控制与支配，而在学习中存在更多的主动与自由。

5. 强调学习过程中各种各样信息资源的有效利用

在进行体育多媒体网络学习的时候，要想有效地推动学生对知识的积极获取和探究，就必须向学生提供更多的信息资源，同时，也有利于学生的自主学习活动与协作式探索的顺利进行，因此，应当要对这些媒体与资源进行科学的、合理的使用。所以，在选择设计与传统教学的媒介时，必须采用全新而有效的方法。比如，要对信息资源的获取方式、获取信息资源的途径，以及对信息资源的有效利用等问题进行全面的思考。

(二) 高校体育教学内容选择与组织

要发挥网络在高校体育教学中的作用，必须认真地选择与组织教学内容。其具体措施包括：

1. 教学内容的多媒体化

在高校体育教学实施中，除了运用文本与图像外，还要运用声音、动画与视频等方式。如果是以多样化的形式展现，也要进行高校体育教学的形式设计，综合运用文字形式、图片形式、声音形式、视频形式与动画形式等多种教学手段，详细地讲解体育运动技术动作的要点、方法、难点、练习方法、容易犯的错误、纠正错误的方法等多个方面的问题。

2. 补充体育课程教学相关内容与链接

在体育课程教学中，教学的每个知识点既可以引入体育课程标准要求的内容，又可以融合大量的相关信息与知识。以《篮球》为例，它不但包括体育课程标准中要求的部分技术和战术，而且包括对篮球的所有技战术进行扩展，并对其在实际运用中的运用进行补充。在满足体育课程标准要求的前提下，让热爱篮球运动的学生可以了解和学习国内外先进的篮球运动技战术，教学与训练的相关网络站点。另外，还可以充分发挥其网络连接的特性。

3. 高校体育教学内容动态更新

在开展高校体育课程网络教学时，以往的体育教师自行准备教材的模式已不适合于当今高校体育课程的教学。其原因在于，在体育课程网络教学中，学生可以随意地浏览高校体育教学课件的有关内容，并可以利用网络上教师答疑解惑与课程互动讨论等方式，对高校体育教学内容进行探讨，并提出一定的修改意见，从而提高在高校体育教学互动中师生对教材进行联合编撰的可能性。通过联合编写体育有关教材，学生可以将自己的问题和看法发表出来，在体育课程网络教学中，极大地提升学生的参与度。

（三）体育多媒体网络课件的结构设计

在设计体育多媒体网络课件结构时，应综合考虑高校体育教学目标、教学内容和互动方式的特点。体育多媒体网络课件结构主要建立在高校体育教学内容的基础上，保证体育多媒体网络课件的相关教学功能与大致框架得到充分反映。

对于体育多媒体网络课件来说，它的整体结构主要由高校体育教学内容和网络交互两部分组成。高校体育教学内容的构成，既包括体育课程标准所要求的全部内容，又包括一定数量的补充知识。网络教学是高校体育教学的重要组成部分。大量与体育课程教学核心内容有关的补充性知识可以在体育课程教学内容中有机地结合起来，从而形成高校体育教学资源的特定环境，对于不同兴趣爱好的学生，可以为其个性化学习活动提供适当的支持。由于引入了大量的补充性知识，使体育多媒体网络课件的内容得到极大的丰富。

体育多媒体网络课件的主要内容有：相关课程的介绍，课程讲解的要点内容，教师答疑解惑，课程讨论，作业处理与课程公告等。其中，相关课程的介绍主要包括：介绍学习的总体目标、考核方式、学习方法、学习进度和课时安排；课程讲解的要点内容主要包括：每一个项目的教学任务、技术动作的要点、技术动作的难点、练习方法、容易犯的错误与纠正的方法等。

（四）撰写脚本与设计素材

随着多媒体手段的引进，高校体育教学内容的形式变得更加多样化，在体育网络课件的编写中，要考虑到素材的编写和设计，我们在此所说的素材，主要包括文字、图形图片、声音、动画和视频，以及其他一些方面，同时也要考虑到这些不同类素材之间的连接关系。

1. 文字脚本的撰写

一般通过 Word 软件来完成文字脚本的编写，在内容上，既要考虑到高校体育教学的知识点，又要通过文字将教师的讲解清楚地表示出来。此外，在引入图形图片、动画及视频的文字处及超文本链接处做标注，供后期的制作者参考，因此，在字数上，文字脚本是传统教材的 2~5 倍。

2. 声音脚本的撰写

由于受到网络条件的限制，在高校体育教学网络课件中对大量的声音文件进行应用，很有可能会影响到其最后的运行速度，因此，声音文件的使用只有在特殊需要的情况下，比如对动画的解说、对视频的解说等。并且，在编写这一类的声音脚本时，要优先考虑的是目标动画与目标视频，并根据动画的解说与视频的解说，对时间与内容进行配音，要确保配音剧本的精练化，并将动画与解说的过程及配音的过程密切结合。

3. 关于图形图片的设计

在高校体育课中，教师在对学生进行知识介绍时，往往要运用许多图片资料。所谓的图形，就是通过计算机上的有关软件，画出的一些示意图，比如，一些与篮球技术、战术有关的路线图，这些都可以用来表示。在拍摄照片之前，教师要根据每个技术动作的具体要求和文本解释的实际需求，对照片拍摄的地点和数量进行设计。用电脑有关软件制作出来的简图，既要表达有关的内容，又要确定图形的类型，既可以是平面图形，也可以是立体图形。在理论上，尽可能采用平面图，而不采用立体图，以达到在一定程度上减少基于 Web 的体育多媒体网络课件的生产成本。

4. 关于动画的设计

在以 Web 为基础的体育多媒体网络课件中，动画的运用只是为了表现某些原理性的东西，比如，教师在讲解球类运动的战术配合问题时，就必须运用到二维动画。在进行有关的动画的设计时，首先要进行的就是最开始的静态图形，之后要用文字和图示来解释初始动态图形的变化过程，并且要以文字的方式编写相应的解说。就动画脚本来说，它的基本组成是：每个步骤的图形、说明性的文字和线条、图片中的文字提示、解说文字等。通常情况下，一份标准的制作表需要由制作人员和脚本撰写人员共同商讨确定，这有助于脚本的撰写和双方的沟通。

5. 关于视频的设计

在以 Web 为基础的体育多媒体网络课件的设计过程中，视频的采集与图片的采集有异曲同工之妙。一般来说，视频和图片的拍摄都是一样的。而当采用数码相机进行摄影时，照片摄影和视频摄影实际上处于同一个过程中。

6. 关于功能的设计

在以 Web 为基础的体育多媒体网络课件中，其功能设计的内容包括：课件界面的层次选择、导航模式设计、按钮的选择、功能按钮的确定、课程内容展示方式的确定、不同类型素材的连接方法的确定、课件内容文件结构的建立等。功能设计的目标是最大限度地利用多媒体网络手段，以便于能够使具体内容在一定程度上有助于教学活动辅助作用的完成。

在基于 Web 的体育多媒体网络课件中，根据整体结构的有关要求，一般采用三层结构来设计界面，即主要界面（即网络课件的主页面）、选择内容的界面、讲解内容的界面。

在基于 Web 的体育多媒体网络课件的主要界面中，可以选择内容的按钮一般有两组：高校体育教学内容组按钮和网络交互组按钮。在此基础上，提出了一种利用计算机辅助教学的新方法。因此，在选择内容的界面上，在设定每个章节的按钮时，也要设定每个章节之间相互切换的按钮。针对某一高校体育教学内容，综合运用多种形式的高校体育教学手段，主要有文字介绍、动画讲解、图像图片、录像片段等。另外，基于 Web 的体育多媒体网络课件，可以建立其他超链接，友情地链接到其他网站。在基于 Web 的体育多媒体网络课件中，其界面存在的各式各样的按钮充分考虑了学生各种需求。另外，还可以科学合理地增加按钮的趣味性和动态效果。

以 Web 为基础的体育多媒体网络课件的功能的最大体现就是，它可以很好地解决实践课程中的理论授课时间短、缺乏系统性的问题，可以在网上全面、系统地讲解体育课的教学内容，让有不同需要的学生可以在网络上进行个体化的学习。通过多媒体的方式，可以直观地说明体育运动技术动作要领，保证动作统一规范，方便学生反复地观看和学习，保证了以 Web 为基础的体育多媒体网络课件在课余体育锻炼中可以发挥很好的辅助作用，要充分利用网上所能提供的各种信息，针对有关的问题，体育教师要引导学生进行讨论，回答他们的疑问。以互联网为基础的体育多媒体网络课件的使用与发展，不仅可以促进高校体育教学手段与方法的改革与创新，而且会在一定程度上对体育教育理论的发展和高校体育教学模式的发展产生影响。在将来，以互联网为载体的体育多媒体网络课件将是今后多媒体课件的主要形态，并将作为开展网上教育的一个主要的资源依据。

第二节　高校体育教学中微课的应用

一、微课的概念

（一）微课概念

微课是一种新型的教学资源，它通过视频的形式，将教师在课堂内外进行教学的内容、所要讲解的教学环节，或者是要强调的主要知识难点与重点进行展示。微课的主要特征包括碎片化，突出重点，交互性比较强，能够反复多次使用。微课作为一种新型的教育方式，它可以让学生在任何时间、任何地点进行碎片化的学习活动。

（二）微课的组成

在微课中，示例片段即课堂教学视频是微课的核心内容。此外，还有与某个教学主题相对应的辅助性教学资源，如素材课件、教学设计、练习测试、教师点评、教学反思和学生反馈等。它们通过一定的表达方式和组织关系，共同构建了资源单元使用的"小环境"，这里的资源单元最大的特点就是主题式的半结构化的资源单元，所以，微课不同于传统的单一资源类型的教学资源，在教学设计、教学课例、教学课件、教学反思等方面都存在着一定的差异，同时，它又与上述的教学资源有一定的关联，也就是说，微课作为一种新型的教学资源，是基于上述的教学资源而成长的。

（三）微课的特点

1. 碎片化

微课视频的时长约为 10 分钟，以清晰的录像形式展示了课堂的教学过程。一堂传统的课堂授课时长为 45 分钟，但是在微课的影响下，原本的段状课程逐步变成了点状课程，使得课程内容更加丰富、更加细致，这样，在上课之外，学生还可以利用一些课余的闲暇时间，比如，在学生排队等候吃饭的时候，可以利用这一小段的时间进行学习，这也是微课最大的特征之一———碎片化程度高。

2. 突出重点

由于微课具有明显的碎片化特征，因此，根据学生的学习特征，对教师的教育水平也有较高的要求。在微课视频 10 分钟的展示时间里，需要教师在展现严密的逻辑的同时，突出教学内容的重点和亮点，抓住学生的学习关键，更好地调动学生的学习兴趣。

3. 较强的师生交互性

微课是一种新兴的课堂形式，在满足了学生对知识的渴望和好奇心的前提下，可以有效地改变传统的教学方式中只有教师单方面输出的情况。通过微课教学的实施，增强了师生间交互，不但可以及时地搜集到学生感兴趣的知识点，而且可以及时地解答他们的问题。这将给教师在后期的课程设置带来方便，会在一定程度上满足学生对知识的渴望，从而提高课堂的教学质量。

4. 能够反复多次使用的教学资源

在微课的模式下，学生可以根据自己的实际需求，随时随地进行体育学习，比如，上课前，学生可以利用微课进行运动技能的预习，巩固重点和难点，练习课后的动作等，以上各种微课的学习方式，都可以有效地提高课堂教学的质量，而且，利用微课的方式，还可以提高学生课程学习的积极性。

二、微课在高校体育教学中的应用

因为微课具有碎片化、重点突出、较强的师生交互性以及反复多次使用的特点，根据体育微课的基本设计原理，开发出更高品质的体育微课，从而更好地改进目前的高校体育教学状况，提升学生对体育运动项目的学习的兴趣，并不断地探讨体育方法微课的应用。总的来说，在高校体育教学中，具体地表现出高校体育教学中微课的应用。

（一）微课应用在学生体育需求调研中

考虑到高校体育教学传统模式与高校体育教学内容之间的相关性，在高校体育教学实践活动之前，体育教师应当根据课程需要，抽取高校体育教学内容中的难点与重点，并与现阶段的体育专栏与体育热点新闻相结合，制作体育微课，然后将制作完成的体育微课通过移动互联网等多种渠道在学校范围内进行广泛传播，并对微课中学生的点击率与同帖评论进行分析，可以有效地评价体育课程的合理性，使教师更深入地了解学生的兴趣与期待。在教学初期，通过对体育微课的宣传，可以有效地激发学生的体育学习积极性，让他们对即将要学习的新的教学内容更感兴趣，从被动的学习行为转变成主动的学习行为，提高他们的体育参与程度。

（二）微课应用在体育课程设计中

体育微课既是对传统高校体育教学的一种补充，也是高校体育在多媒体环境下发展的需要。微课的兴起，对原有的体育课程进行了新的界定。在高校体育教学的后期，改变过去室内体育理论课与户外实践课分离的体育课程设计，将二者相结合，并结合多媒体时代大数据的时代特点，在室内理论课的设计上，可以以师生的信息数据交流为主要内容，呈现出更加公平、自由的体育课程，并在这种方式下，可以更好地更新体育教师的教学思路，提高学生的体育学习的积极性。

（三）微课应用在体育课程教学中

根据体育时事热点与体育课程的新内容等方面，体育教师可以设计出新颖的体育新课，并将其引入微课中，在进行体育课堂教学时，组织学生集体观看，其主要目标是引起学生的注意，激发他们的体育学习兴趣。

针对高校体育教学中复杂的教学动作，体育教师还可以将其制作成微课，在授课的过程中，对学生进行反复播放，从而让高校体育教学过程教学变得更加生动、更直观、更形象、更具体。

（四）微课应用在体育课后辅导中

对于高校体育教学来说，一节体育课的教学时长为45分钟，有限的高校体育教学时间使得教师只能授课，很难做到细致的教学，必然会产生一些学生跟不上教学节奏，或是学生不能完全理解所学的运动技能，因此，在体育课堂教学结束之后，教师可以将包含高校体育教学要点的微课视频发给学生，让学生在下课之后，对自己所学的技术动作进行训练，回顾课堂上所学的知识，确保温故知新，提高学习效率。

（五）微课应用在体育课程分享中

从根本上来说，分享也是学习，学生都喜欢把自己好的视频和课程分享到朋友圈中，感染身边的朋友和学生，从而拓宽学生的学习圈子。所以，应当建立一种提倡共享精神的学习社群，以确保学习社群中的成员可以相互借鉴，共享有益的体育学习信息。比如，把微课运用于体育教学中，在学校里，学生可以分享自己所学到的、相对感兴趣的一些课程，让更多喜欢体育的学生可以及时获取和分享自己的学习资源，同时学生也可以将在学校里有共同爱好的人组成一个小组，让大家共同研究体育课，从而推动了体育社团的发展，充实学生在课余时间里的丰富生活。

第三节　高校体育教学中慕课的应用

一、慕课的概念

（一）授课形式

慕课是一种以某个公共题目或话题将分散于全球的学生和授课教师连接起来的手段。基本上，慕课的教学模式都是每周话题研讨的方式，而且只是会为教师与学生提供一个大概的日程安排，不过通常来说，慕课课程都不会对学生有什么特别的需求，通常会给出一些很简单的说明内容，比如阅读建议、每周一次的问题研讨等。

（二）主要特点

1. 规模比较大

所谓的规模比较大，指的是网络开放的大规模课程，而不是以个人名义对一两门课程进行发布。这里所说的网络开放的大规模，一般指的是参与者发布的课程，这些课程通常被称为大规模课程或大型课程，这就是慕课的典型形式。

2. 开放的课程

所谓的开放的课程，一般会严格遵守创用协议。可以说，开放的课程，就能够被称为慕课。

3. 网络课程

与网上教学有关的资料一般都是在网上浏览而非现场教学。这门课最大的特点就是不需要特别的场地。

二、慕课在高校体育教学中的应用

（一）高校体育教学中慕课的应用价值分析

慕课被引进到国内，经过了很久的发展，很多学校都在尝试这种新型的教育方式，但是，在高校体育教育中，慕课的运用却很少。其实，这种慕课的方法对高校体育教育也有一定的借鉴意义。

慕课作为一种学习方式，具有一定的主动性，学生可以根据自己的个人兴趣爱好，选择自己喜欢的运动。此外，慕课具有很大的覆盖面，在高校体育教学中运用慕课，师生也可以共享、利用国外大学的体育教学资源。

目前，学校体育课的实施方式以教师讲授、学生接受学习为主，也就是在高校体育教学课堂教学中，教师首先进行讲解、示范，然后由学生进行练习。不过，在体育课前的准备工作结束后，体育教师会对体育技术动作进行解释和演示，一堂体育课消耗了大量的时间，剩余的时间里，学生的训练活动无法进行。但是，慕课却可以很好地解决这些问题。

在体育课程完成之后，可以在课后进行自我复习。在体育微课视频中，包括真人操作与讲解，可以让学生回顾体育课程中学习的动作。虽然高校体育教学时间为一个半小时左右，学生可以有充足的时间去学习、练习体育运动技术，但学生只能对每门体育课修习一次，因为每一个学期所要学习的内容都是一样的，但是学生上会有差别，不利于部分学生深入学习、练习的开展。

在高校体育课堂上运用慕课的教学方法，既可以保障学生进行深度学习，又可以帮助他们把握学习进程。而且，慕课中所包含的教学资源十分丰富，这也有助于学生找到适合自己的锻炼方法。比如，对于一些学生来说，他们并不适合做剧烈的运动，因此，他们可以在慕课中找到比较适合自己的运动，这样既可以避免对自己的身体造成伤害，也可以成功地达到体育锻炼的目的。

其实，现在很多父母都很注重学生的体育锻炼问题，他们经常会带着孩子进行散步、晨练等体育锻炼，以确保孩子的健康发展。但是，这种运动真的能达到预期的结果吗？在很多情况下，人们往往会以为，自己只要去进行体育锻炼，对自己的健康发展就是有好处的，但是，如果不能采用健康的方法进行体育锻炼，不仅浪费体育锻炼的时间，而且会对身体产生一定的损伤。在高校体育教学中采用慕课的方式，在体育锻炼时，参照标准的动作，进行体育锻炼，此时就如同一个专业的私人教练陪在自己的身边，并对体育锻炼活动进行正确的指导。

（二）慕课应用在高校体育教学中的未来发展

高校应当根据本校的特色来制作自己的慕课视频。同时，在录制慕课视频时，可以由多所学校的教师共同参与录制和讨论，然后挑选出多个优秀的视频，将其发布到网络上，供学生观看、下载、学习。不同的教师在授课的风格与方式上也会有差异，而教师录制的慕课中含有多个教师的教学课程，这样学生就可以选择最适合自己的教师。另外，既可以避免大课参加人数多的情况，也可以有效地改善学生听课效果不佳的问题。在高校体育课堂上实施慕课，可以达到小班教学目标。通过多位教师对同一科目进行录像，既可以更好地进行比较和竞争，又可以让学生更好地了解自己的不足，从而提升了高校体育教学质量。由于目前慕课在高校体育中的运用多采用网络授课形式，缺乏有效的监控机制，所以对学生的自学能力提出了更高的要求。在高校体育教学考核方面，可以不采用计算机考核的方式，在体育教师进行网络教学之后，再安排传统的考试方式。唯有如此，才能有效地防止利用计算机检测而进行作弊的现象。另外，还可以检验慕课教学的成效。

慕课教学并未彻底解放教师，比如，在高校体育教学中，采用慕课课程进行教学是一种可行的方法，但是，当学生提出问题时，他们唯一能做的就是看同样的视频。所以师生之间应当有经常的互动，这样既可以促进师生之间的感情，也可以促进学生的学习。虽然在国内，慕课的运用还处在起步阶段，但是，随着现代互联网的发展，它的兴起已经大势所趋。在高校体育教学中运用慕课，可以为教师在今后的教育实践中提供一些启发。

在运用慕课进行高校体育教学时，要与我国的高校体育教学实际相结合。比如，在进行篮球运动的课堂教学时，既要有指上的动作，也要有脚上的动作，更要把二者的教学活动结合起来，所以，在设计有关的慕课时，既要对其进行分解，又要对其有一个标准的整体动作，这样才能更好地帮助学生进行学习活动。虽然我国引进了慕课，但在高校体育教学中的运用并不多，要建立一个完善的体育慕课体系，必须要有相应的慕课课程。一般来说，从国外引进的教育资源，往往都是一门外语，其中有很多关于体育的专业术语，这些术语可能会造成学生难以理解的问题。针对这种情况，在制作慕课的过程中，可以邀请国内的一些优秀体育教师，并结合他们的实际教学状况，展开制作。另外，根据慕课的具体情况，制定相应的标准，如果慕课不符合标准，就不能使用，这对于慕课的进步和发展是十分不利的。

第四节 高校体育教学中翻转课堂的应用

一、翻转课堂的概念

（一）含义

所谓的翻转课堂，一般是对教学课堂内外两个方面的时间进行重新的安排，在实质上就是，学习的决定权不再属于教师，而将学习的主动权交给了学生。在运用翻转课堂教学模式的时候，学生可以在课堂中的有限的时间里，更集中地进行学习，面对挑战，以及现实中出现的问题，教师和学生共同研究并解决这些问题，进一步加深了学生对知识的理解。

在课堂教学中，教师不再花费大量的课堂时间来讲授信息，而在课堂教学之后，学生要自主地进行这些信息的学习，可以采用听播客，看视频讲座，看功能强大的电子书，或者通过网络与其他同学一起讨论，总之，在翻转课堂教学模式的应用中，无论何时，学生都可以对自己所需的资料进行查阅。

另外，教师和每个学生沟通的时间也增加了。在课程完成之后，学生可以自主地对自己的学习节奏、学习内容、学习风格与知识呈现的方式进行规划，而这些知识都离不开教师对讲授法与协作法的运用，让学生达到个性化学习的目标，最后的目标是在实践中确保学生学习活动的真实感。

（二）主要特点

1. 教学视频的短小精悍

无论是亚伦·萨姆斯与乔纳森·伯尔曼的化学学科教学视频还是萨尔曼·汗的数学教学视频，都有一个很大的相似之处，那就是都很简短。就算是比较长的，也就十多分钟的时间，大多数都是几分钟的时间。并且每个视频都具有很强的针对性，如果可以针对某个具体的问题，则更容易找到，因此要尽可能地将视频的时长控制在与学生的身体和心理发展特点一致的时段之内，网络上发布的视频有回放、暂停功能等，可以自己进行操作，保证了学生的自主学习顺利实现。

2. 教学信息的明确清晰

在萨尔曼·汗的教学视频中，有一个很明显的特点，那就是在视频中只能看到他的双手在不停地书写着一些数学符号。随着画外音的出现，萨尔曼·汗认为，用这种方式和在讲台上讲课不同，这种方式就像把我们聚在一张桌子前，让我们一起学习。这也是翻转课堂教学视频与传统教学视频的不同之处。如果视频中出现了教室中的各种摆设物品，或者是教师的头像，那么很容易分散学生的注意力，尤其是在学生自主学习的情况下。

3. 重新建构学习流程

学生的学习过程大致可分为两个阶段，第一阶段：传递信息。它的实现离不开师生间的互动和生生间的交流；第二阶段：内化吸收。下课后由学生自行完成，在学生自己完成的过程中，由于缺乏教师的支持和学生的帮助，在内化吸收阶段往往会出现挫败感。

翻转课堂教学模式是对学生学习过程的一种重构，第一阶段的信息传递，由学生在上课前完成，教师在提供视频的同时，也提供在线辅导；另外，第二阶段的内外吸

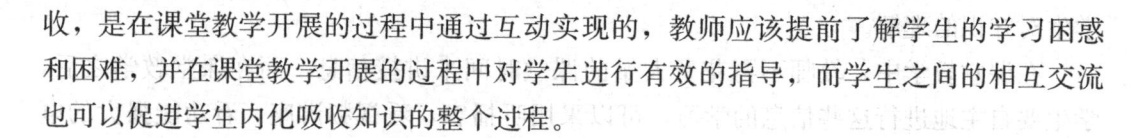

收，是在课堂教学开展的过程中通过互动实现的，教师应该提前了解学生的学习困惑和困难，并在课堂教学开展的过程中对学生进行有效的指导，而学生之间的相互交流也可以促进学生内化吸收知识的整个过程。

4. 复习检测的快捷方便

在学生看完教学视频之后，在视频的结尾处会出现一些小问题，一般都是四五个，这样可以让学生对自己所学的知识进行快速的检查，并针对自己的学习状况做出适当的判断。若对以上问题的回答并不十分满意，则应重放一次教学视频，认真思考这些问题的原因。与此同时，利用云平台，可以实时地汇总、分析和处理学生的真实答案，让教师能够更加客观、全面地了解学生的学习状况。教学视频的另外一个显著的优点就是可以在一段时间的学习之后，便于学生对所学到的知识进行回顾与巩固。随着评价技术的持续发展，为学生学习的有关环节提供了充足的实证性材料作为支持，有利于教师真正意义上了解学生。

二、翻转课堂在高校体育教学中的应用

（一）高校体育教学中实施翻转课堂的价值探析

1. 当前高校体育教学中存在的典型问题

（1）教学指导思想混乱。教学指导思想是一种对体育教师理念问题的体现，对高校体育教学主旨的确立、对教学方法和手段的选择、对教学的整体组织和管理都有直接的影响，并对教学效果产生重要的影响。"健康第一""快乐体育""终身体育"等不同类型的体育教学理念的出现，虽然对我国高校体育教学起到了巨大的推动作用，但是容易造成教师对学校教学内容的片面认识，对高校体育教学的良性发展产生不利的影响。

（2）失去工具性和人文性之间的平衡。就高校体育教学目标来说，有两个维度，其中包括了：知识与技能目标，体现了体育的工具特性；而态度、情感与价值观目标，体现了体育的人文特性。在体育教学中，工具性突出强调了实践性和实用性，人文性注重强调情感和精神。

在目前，高校体育教学可以将其工具性质的特点发挥得淋漓尽致，但对人文性质的特点却忽略了，体育教师仅仅注重了应该教什么内容、以什么方式进行教学、学生如何学习、学生是否真正学会等问题，很少注意到在体育课程教学中态度、情感和人格等的发展需要。其结果是，虽然有些学生已学会了体育知识，也掌握了一定的体育实践能力，但是在体育实践意识与整体体育素质上还有待提高，对体育课和体育教师

也常常表现出冷漠，造成"学生不喜欢体育课却喜欢体育""体育锻炼意识与习惯缺乏"的现象。因此，必须坚持高校体育教学的人文性和工具性的统一。

（3）缺少个性化与人本化。目前，在我国的体育实践中，存在着许多问题，我们虽然已经认识到其存在，并不断地加强力度解决这些问题，采取了各种方法，但是问题并未得到很好的解决，从而造成了"瓶颈"状况，这种状况在我国高校体育教学中十分突出。在高校体育教学实践中，由于其自身的主观原因，存在"一刀切"的倾向，忽视了每个人的个性差异，要想达到传授知识和技能的目标，体育教师起到了关键作用。其原因在于，在体育课堂上，大部分的时间都花在了体育教师的演示和讲解上，受限于课程的容量，要想完成对学生的知识和技能的内化，从根本上来说是非常困难的，甚至是不可能的，更谈不上提升学生的综合水平。

在高校体育教学实践活动的开展中，体育教师面临着一个十分复杂的学习群体，他们在性格特征、知识基础、学习方式、学习能力、学习习惯与学习需求等方面存在很大的差异，所以，体育教师要对他们的具体情况进行详细分析，进行个体化教学。

（4）学习评价结果的失真。在我国传统的高校体育教学中，只有教师一个人作为评价的主体，而一直采用的是纸笔测试和技能考核两种评价方式，在一个统一的标准下，对学生进行考试，然后再根据相应的标准，让教师对学生打分。这种评价方式虽然看上去是公正的、客观的，但是事实上很难体现出学生的学习成效和进展情况，也很难实现"通过评价促进学习"的目的。

在传统的高校体育教学评价模式下，不能真正地体现出学生的学习成效，难以调动学生的体育学习兴趣，难以培养他们的体育锻炼习惯，甚至还会增强他们对体育课程学习的抵触心理。

2. 翻转课堂在高校体育教学中的核心价值

目前，翻转课堂已经在我国兴起，但是，对其价值的探讨却没有在理论上引起足够的关注。为了使翻转课堂在高校体育教学中得到更好的应用与推广，需要对其核心价值进行探讨。

（1）在高校体育教学中，实施翻转课堂实现了信息技术在高校体育教学中的应用。在当今信息化社会中，学生的生活方式、学习方式都发生了很大的改变，他们已经习惯于通过手机、电脑等信息化平台来学习、交流，为了适应学生在行为习惯方面的改变，教学信息化是不可避免的。

翻转课堂是信息化社会发展起来的产物，它将教学与信息技术有机地结合起来，并与学生的生活习惯高度契合，改变了传统课堂僵硬的模式和形象，让学生的学习变得更自然、更有趣。体育教师通过上传视频、三维动画、PPT 等丰富而直观的教学材料，建立系统有序的学习导航，再加上教师对学生客观而有趣的在线评价和在线交流，创造出一个有利于学生身心发展的教学环境，不仅有效地增进了师生间的情感，而且提高了学生的学习兴趣和自主性，也为体育教师有效地组织课堂上的教学活动打下了基础，有利于提高高校体育教学的实效性。

（2）翻转课堂有助于实现高校体育教学的精讲多练。在高校体育教学中，进行学习和练习的时间是固定的，如果在学习新知识、新技能的过程中花费了太多的时间，学生参与到体育练习中的时间必然会变得更少，这就导致了体育课的健身性以及学生对知识、技能的掌握和内化的程度都会大大降低，所以，在体育课堂上，进行精讲多练是与体育课堂教学的需要相一致的。在翻转课堂的方式下，在上课之前，学生可以在看完教学视频之后，对体育课程已经有了一个基本的了解，并且能够深刻地体会到自己在体育课程中所面临的困难。当他们遇到一些自己不能解答的问题的时候，他们可以利用网络上的互动平台，将这些问题反馈到体育教师那里，让教师能够掌握学生课前的学习状况。在课堂中，体育教师以学生所反映的问题为基础，展开有针对性的讲解或个别指导，节省了大量讲解的时间，增加了学生在课堂中进行体育实践的时间，实现了精讲多练的目标。

（3）翻转课堂使高校体育教学要素的优化组合得到实现。从高校体育教学各因素的角度来看，翻转课堂与传统的高校体育教学的差异并不显著。在翻转课堂教学中，通过对高校体育教学内容进行科学、理性的重组，达到高校体育教育的效益增值。翻转课堂是一种具有革命性意义的高校体育教学方式创新，其原因在于，这种教学模式通过对高校体育教学要素的各项功能进行了正确的定位，从而转变了体育教师和学生的主体身份，扩大了体育课程的资源，推动了高校体育教学目的、高校体育教学方法手段与反馈机制的合理调整，创造出一个有利于学生体育学习的良好环境，从质量上对高校体育教学的形式和效果产生了变化。但应指出，在高校体育课程内容整合方面，翻转课堂并非一成不变，它更多的是一种弹性的。在高校体育教学的实践过程中，根据现实的要求，体育教师可以根据实际情况，对各个教学因素之间的结合关系进行适当的调节，确保达到特定高校的体育教学目标。只有对这一点有了深刻的理解，才可以把翻转课堂当作一个固定的范式来对待，从而防止在高校体育教学中运用翻转课堂教学的方法只成为形式。

（4）翻转课堂能够促进高校体育教学中素质教育的实施。素质教育的根本目标是对学生的综合素质进行全方位的提高，而要做到这一点，就必须要做到人的全面发展，不能忽视学生的个性。人格的健全，既是实施素质教育的价值观念，也是其目标理念。培养个性，促进人的全面发展，是全面素质发展的真谛。

在运用翻转课堂的时候，学生的学习目标是统一的，并且教师可以根据学生的具体情况，为他们设定个性化的目标。在观看在线的高校体育教学视频时，能够确保学生进行自主学习，根据他们的学习水平决定高校体育教学视频的观看数量，并且根据他们的学习基础让其自己去选择所要观看的内容；从反馈问题的层次上来说，学生可以利用网上的沟通平台，把自己在学习过程中遇到的问题发表出来，并得到教师的指导；从学习评价的角度来说，体育教师以学生的进步为基础，将小组评价和个人评价融合到最后的评价结果中，这样的评价方式有利于让学生知道自己在学习中的优势和劣势，并能感觉到自己在不断地提升。可以看出，采用翻转课堂这种个性化的教学方式，有利于培养学生的学习态度，激发学生的学习兴趣，提高学生的交流能力，培养学生的正确的价值观念，从而推动学生的全面发展。

（二）将翻转课堂教学方法引入高校体育教学的全新高校体育教学模式

我们通常所说的高校体育教学模式，主要指的是在特定的高校体育教学理念、高校体育教学思想的引导和高校体育教学理论的指导下，构建出来的各类高校体育教学活动的基本框架或者基本结构。通常情况下，高校体育教学模式包括以下几个因素：高校体育教学理论依据、高校体育教学的目标与原则、高校体育教学程序与学习程序、高校体育教学资源与实现条件、高校体育教学效果与评价。在高校体育教学中，引入翻转课堂这一新型高校体育教学模式，其主要内容包括：

1. 高校体育教学理论依据

在高校体育教学中运用翻转课堂教学模式，以"先学后教"为主要思想基础，强调学生在高校体育教学活动中的积极参与，强调学生的主体性。根据高校体育教学的特点和行为心理学的原理，尤其是考虑到斯金纳的操作性条件反射的训练心理学，确定高校体育教学的程序：通过视频学习—对于练习的吸收理解—视频回顾—互动反馈—强化实践—学习、掌握，并在如此循环往复的高校体育教学过程中，有效地塑造高校体育教学的行为目标；同时，根据学习过程和实际教学效果，学习主体在体育活动中的"教"和"学"，不断改进和创新，以达到预期的高校体育教学目标。

2. 高校体育教学的目标与原则

高校体育教学目标是巩固与提升在中小学阶段的教学目标，也就是体育锻炼的思想、体育能力与体育习惯，对于学生科学、积极、主动参与体育锻炼的行为展开指导与教育，对于现代体育学科中的基础知识、基本技术和技能、方法展开教学，从而加强学生参加体育活动的意识，提升学生的体育文化素质。

为确保高校体育教学目标的成功，对于将翻转课堂教学方法引入高校体育教学的新型高校体育教学模式来说，其教学原则是体育教师应当遵循学生的认知水平与心理发展特点，对高校体育教学内容进行处理，高校体育教学设计制作通俗易懂，并与其所掌握的认知结构相结合，选取优质的、适宜的高校体育教学视频；建立一个宽松、民主、轻松的交互式学习社区或网络教学平台，及时把握学习反馈信息，并能高效地发现问题、解决问题；在掌握整体学习情况的前提下，注重个人学习发展的过程，充分发挥高校体育教学与学习中学生的主体性作用，尽量让学生自己发现、分析与解决问题，深化、拓展自我认识、能力与技能。

3. **高校体育教学程序与学习程序**

将翻转课堂教学方式引入高校体育教学的新型高校体育教学方式，其主要依据是高质量的交互式学习社区和视频资源，所以，体育教师可以进行以下几个方面的设计：对高校体育教学内容进行预习；对高校体育教学视频有针对性地进行观看，再进行示范、讲解；激发学生的学习动力，发现学生在学习中遇到的问题；在课堂上由教师讲授新课，回答学生的疑问，并进行示范；由学生自己进行练习与实践，巩固体育学习的结果；对学生的学习结果进行反馈，由教师、学生进行评价；通过资源拓展完善、知识和技能结构的拓展和反复练习，增强理解与训练的效果。

4. **高校体育教学资源与实现条件**

近年来，慕课平台的迅速发展和互联网的普遍应用为实现翻转课堂提供了有利的环境。但是，就现代高校体育教学而言，国内高校体育教学相关的视频与学习材料仍然比较缺乏，因此，体育教师应当根据体育课程与教学内容，进行高校体育教学资源的开发与设计。在高校体育课程中，教师要以理论的学习内容与动作讲解、演示的视频为主，这样才能确保学生对体育练习的理解力与课外训练的实用性。不仅要对动作示范的要领进行解析，而且要有训练实践的摄像视频，同时也要有拓展的教学和学习资源以及专题性的研讨问题等。此外，在组织学生观看教学视频，开展练习活动时，要确保体育教师可以对学生的疑问进行解答、讨论与指导。

5. **高校体育教学效果与评价**

将翻转课堂教学引入高校体育教学的新型高校体育教学方式，其实施可以激发学生的体育学习兴趣，培养学生自主发现、学习、探索、分析、解决问题的能力，提高学生的技术和技巧，有利于学生的自主学习能力、社会发展适应能力、相互合作能力的发展与培养，体育教师应当通过交流与活动，实时地了解学生的学习状况与进展，并及时地把握反馈信息，根据所获得的结果，进行适当的指导，激励并充分调动学生的学习热情，在高校体育教学与讲解活动中，根据学生的特点，个性化地进行教学。在高校体育课程中运用翻转教学适合于小班教学，但在大班教学中往往难以进行。而关于学生的评价，与其他文化课程是有区别的，在衡量其学习的好坏时，不能仅仅以考试成绩来判断。在高校体育教学中，坚持"健康第一"的原则，将"健康"的标准融入每一项体育考核中，对标准化的项目，适度降低技术考核难度，切实完善高校体育考核的内容，尽量避免因畏惧考试而产生的对体育的厌学和逆反情绪，对学生进行正确的教育，提高学生对高校体育教学的认知能力，培养学生体育锻炼的良好习惯，建立符合高校体育教学目的的人性化测试方式。

参考文献

[1] 上官福忠．普通高校体育教学改革的理论与实践研究［J］．当代体育科技，2020，10（14）：177－178，180．

[2] 任鹏．关于"互联网＋"背景下高校体育信息化教学改革的研究［J］．当代体育科技，2020，10（30）：181－183．

[3] 王海鑫．基于学生兴趣培养的高校体育教学改革路径探索［J］．文体用品与科技，2019（20）：99－100．

[4] 刘楠．我国高校体育教学改革的影响因素及其发展对策研究［J］．文体用品与科技，2019（22）：131－132．

[5] 陈婧．创新教育理念下的高校体育教学改革探究［J］．教育观察（上旬），2019，8（7）：4．

[6] 李明．试论终身体育思想对高校体育教学改革创新的影响［J］．陕西教育：高教版，2017（12）：22．

[7] 符巍．浅析多媒体技术在高校体育教学改革创新中的应用构建［J］．当代体育科技，2017（22）：12．

[8] 芦琳．浅谈在高校体育教改中创新素质培养的价值［J］．体育时空，2016，（009）：84．

[9] 薛俊．试析高校体育教师教学行为改革创新［J］．河北体育学院学报，2016，17（001）：42－44．

[10] 马金凤．我国高校体育教学改革探讨［J］．山东体育学院学报，2014（30）：105－107．

[11] 徐伟．高校校园体育文化建设及其育人的内在机理分析［J］．北京体育高校学报，2015（1）：94－99．

[12] 孟祥增，刘瑞梅，王广新．微课设计与制作的理论与实践［J］．教育科学文摘，2014（6）：95－96．

[13] 张珂，仲卫朋．微课在高职院校体育教学中的应用［J］．当代体育科技，2018（8）：106，108．

[14] 徐勇．微课教学在高职体育课程教改中的应用［J］．科教导刊：电子版，2017（1）：200．

［15］曲宗湖，杨文轩．学校体育教学探究［M］．北京：人民体育出版社．2000．

［16］李元伟．科技与体育——关于新世纪体育科学技术发展问题［J］．中国体育科技，2002，38（6）：3－8，19．

［17］徐本立．运动训练学［M］．济南：山东教育出版社，1990：228．

［18］王智慧，王国艳．体育科技与体育伦理辨析［J］．体育文化导刊，2016（6）：146－148．

［19］曹庆雷，李小兰．前沿科技与体育［J］．山东体育科技，2004，26（1）：37－38．